DEVANEIOS
sobre a atualidade do
CAPITAL

Aristóteles

Platão

Freud

Bourdieu

Bauman

Feuerbach

Marx

Marcuse

SANSKRITO

Baudrillard

Clóvis de Barros Filho
Gustavo Fernandes Dainezi

DEVANEIOS
sobre a atualidade do
CAPITAL

Aristóteles

Platão

Freud

Bourdieu

Bauman

Marx

Feuerbach

Marcuse

Baudrillard

SANSKRITO

Devaneios sobre a atualidade do capital
1ª edição em português: 2014
Direitos reservados desta edição: CDG Edições e Publicações

Autores
Clóvis de Barros Filho
Gustavo Fernandes Dainezi

Preparação de texto e revisão
Fátima Áli

Capa
Pâmela Siqueira
Dharana Rivas

Projeto Gráfico e editoração
Rodrigo Saldanha Abreu

DADOS INTERNACIONAIS DE CATALOGAÇÃO NA PUBLICAÇÃO (CIP)

B277d Barros Filho, Clóvis de.
Devaneios sobre a atualidade do capital / Clóvis de Barros Filho, Gustavo Fernandes Dainezi. – Porto Alegre : CDG, 2014.
125 p.

1. Filosofia. 2. Economia. 3. Marxismo. I. Dainezi, Gustavo Fernandes. II. Título.

CDD - 110

Bibliotecária Andreli Dalbosco – CRB 10-2272

ISBN: 978-85-68014-02-8

Fontes: Minion Pro, Century751 SeBd BT
Papel: Polen / 80g (miolo) e Cartão / 250g (capa)
Medidas: 15,8x23cm

Produção editorial e distribuição:

CDG EDITORA
Site: www.cdgeditora.com.br
E-mail: contato@cdgeditora.com.br

Introdução

Cara leitora, caro leitor.

O que há em suas mãos? Um livro. Aparentemente, nada de mais. E fora da aparência também. Nada de mais aqui, mas também nada de comum. A promessa de um livro que mudará a sua vida não é a nossa. Também não é nossa a promessa de desperdiçar seu precioso tempo. Nosso livro é pitoresco porque desmente todos os rótulos que se podem imputar a ele. É um livro sobre o capital, mas não tem nada a ver com artimanhas para ganhar, economizar, duplicar, guardar ou gastar dinheiro. É um livro sobre atualidade, mas não fala de acontecimentos. É inútil para um vestibular. É um livro que fala de Marx e do Materialismo Histórico, mas não é nem a favor nem contra nenhum dos dois. É um livro que pretende ensinar sem a presunção de conter verdades ou de ter encontrado o Santo Graal.

Por isso, devaneios. Os textos desta obra não se prendem a regras preestabelecidas. Deixamos fluir o pensamento, sem amarras ou censuras, da maneira mais trivial e amigável possível.

Nosso método é constituído pela vontade de ensinar, de explicar, de fazer compreender. Preocupamo-nos em trazer para sua apreciação as referências, as fontes, os conceitos e os significados que constituem o Materialismo Histórico, sempre tendo em vista a sua apresentação a partir de um mundo que é outro em relação ao de sua concepção, mas com o qual pode aprender bastante ao trazê-lo à consciência.

Selecionamos aquilo que consideramos imprescindível para entender o Materialismo Histórico e, na errância de nossas indóceis mentes, temperamos a escrita com reflexões sobre o mundo de hoje, com autores que nos ajudaram a aprimorar o nosso repertório e com uma ou outra coisa cujas origens somos nós mesmos.

Apresentamo-nos, então, como professores, que, ao escrever, pensam no aluno; que buscam em si o aprimoramento da capacidade de ensinar e, no aluno imaginado, um repertório a aprimorar, potencialidades a desenvolver, confusões a reduzir. Porque não sabemos qual o mundo ideal, nem como chegar a ele, mas acreditamos que, com um pouco mais de conhecimento, você poderá viver um pouco melhor.

Nosso estilo é marcado pela simplicidade. Entenda cada devaneio como uma conversa conosco, afinal, estamos falando mesmo. As páginas que seguem são aulas gravadas e transcritas ministradas na Casa do Saber. Como somos dois autores e colocar o livro inteiro no plural ficaria muito chato, ele está em primeira pessoa. Fique à vontade para eleger como voz mental a que mais lhe apetecer.

Sem mais delongas, desejamos que faça uma leitura proveitosa e que nossas palavras possam ressoar em sua mente e, mesmo que só de leve, transformar a maneira pela qual você enxerga o mundo – para melhor, é claro.

Clóvis de Barros Filho
Gustavo Fernandes Dainezi

Sumário

Primeiro Devaneio – Materialismo e idealismo ... 9
Entender "materialismo histórico" ... 10
História e interpretação do marxismo ... 10
O que queria Marx com sua obra ... 12
Mudar o mundo ... 12
O materialista revolucionário ... 14
Platão x Demócrito ... 16
Materialismo ou idealismo para mudar o mundo? ... 20
O idealismo é materialista ... 20
Consumismo: materialismo histórico em ação ... 22
A qualidade de vida vista pelo materialismo histórico ... 24

Segundo Devaneio – Infraestrutura e superestrutura ... 27
Lembranças ... 27
As causas das coisas ... 27
A infraestrutura ... 28
O trabalho para Marx ... 29
A utilidade do produto – o atraso de Marx ... 30
A força de trabalho ... 31
Alienação no trabalho ... 31
O que são os meios de trabalho? ... 32
O motor da história ... 33
As causas invisíveis ... 34
Os efeitos das causas invisíveis ... 36
O proprietário importante ... 37
Somos amigos? ... 38
A grande ilusão ... 39
Consciência de classe ... 39
A crítica à invisibilidade ... 40

Terceiro Devaneio – Relações de produção ... 43
Retomada ... 43
Relações técnicas e relações sociais ... 44
Explorados, não explorados, cooperadores ... 47
O mercado do trabalho ... 48
Quanto vale ou é por quilo? ... 50
A mídia capitalista ... 51
O poder sem resistência ... 53

Quarto Devaneio – Alienação ... 57
Retomada ... 57
Marx e a religião ... 58
Religião e capital ... 59
Marxismo, igualdade e alienação ... 61
O trabalho aliena: perspectivas ... 64

Quinto Devaneio – Marx e a Linguagem ... 67
O problemático conceito de superestrutura ... 67
A autonomia relativa da superestrutura ... 68
A linguagem ... 70
Marx, a linguagem e a política ... 71
O pensamento: Sócrates no Teeteto ... 72
A linguagem o que é? Crátilo ... 73
Política da linguagem ... 74

Sexto Devaneio – Linguagem e Ideologia ... 77
A dominação insuspeita ... 77
Rousseau e Marx ... 78
Você é um homem ou um gato? ... 79
Conforme-se ou seja defenestrado ... 81
Uma segunda natureza ... 82
Hegel e Marx ... 84
Dois aspectos da ideologia ... 87
A dominação ideológica ... 88
A esperança do proletariado? ... 91

Sétimo Devaneio – Ideologia e dominação ... 95
Retomada ... 95
Ideologia e luta de classe ... 95
O corpo causa ... 97
E os afetos, são consequência do quê? ... 98
Diga-me com quem andas, mas recorte direito ... 100
A cegueira ... 103
Ainda os hábitos ... 105
"O Estado é uma máquina de opressão" ... 109

Oitavo Devaneio – A aliança dos dominantes ... 113
A última retomada ... 113
O que fazer com o Estado? ... 114
É a educação, estúpido! ... 114
A internet é superestrutura? ... 117
As regiões ideológicas ... 121
Agora sim, o padre Marcelo ... 122
Considerações finais ... 123

Primeiro Devaneio – Materialismo e idealismo

Seja bem-vindo, ou bem-vinda, a esta nossa viagem pelo pensamento de Marx. Peço, de início, que imagine este livro como uma tentativa de pegar você pela mão e passear por alguns dos pontos mais importantes da atualidade do pensamento de Marx, que podem ajudá-lo a entender melhor o mundo e a vida.

Leia este livro descoberto de preconceitos. Inquietações você certamente terá, mas isso é o que faz você crescer. Como em uma academia, não se busca aqui conforto, mas treinamento, treinamento de uma capacidade específica: a capacidade de pensar. Se nos expusermos sempre nas nossas leituras, nos nossos relacionamentos, nas nossas conversas, somente àquilo que já é de nossa opinião – àquilo que já pensamos –, não ganhamos nada. Não saímos do lugar, seremos como um cantor que só lança um CD na carreira. Falando sempre a mesma coisa, estagnamos. Porém, mudando a nossa exposição, sofremos: com a dificuldade de entender, com a assincronia daquilo com o nosso repertório, até mesmo com a estupefação de entrar em contato com um ponto de vista antes inimaginado.

Por isso, convido-o a abrir-se para o novo, para o diferente, e, na pior das hipóteses, entender melhor aquilo de que você tanto discorda. Faça como o eleitor sábio, que, antes de tomar sua decisão, concede a palavra a todos os candidatos, ouvindo-os com atenção.

É importante esclarecer, primeiramente, que não se trata de um livro de artifícios para a prosperidade. Para este tipo de capitalismo, hoje em dia a produção literária é enorme (*Sete hábitos do homem eficaz*, *Dez lições para a riqueza* etc.); há muitos livros que dão conta, que não precisa nem de curso. Então, claro, se você lê com a expectativa de enriquecimento imediato, já deve ter imaginado que não tenho o perfil nem a empáfia necessária para tal.

Vamos estudar a atualidade do pensamento de Marx. Espero que você esteja aqui com esse espírito, se não, não se acanhe em partir.

Entender "materialismo histórico"

Gostaria de iniciar nossa reflexão, então, a partir da palavra materialismo. Imediatamente, pelo uso mesmo da palavra, proponho uma certa maneira de abordar e entender o mundo.

A primeira coisa que precisamos entender, pelo uso mesmo desta expressão, é que o pensamento de Marx é materialista porque ele se filia, se junta a outros autores, também chamados de materialistas. Até agora, não se saiu do óbvio. Mas é importante salientar que, *grosso modo*, outra maneira de entender o mundo é a denominada idealista. O pensamento de Marx, antes de mais nada, é uma crítica particular dele a toda e qualquer proposta idealista de compreensão do mundo. Marx passa grande parte da sua obra opondo-se à maneira idealista de pensar.

Muito antes de dizer o que é o materialismo, é importante deixar claro que esses conceitos, do ponto de vista político e até sociológico, na sociologia da produção do conhecimento, contrapõe-se a todas as inúmeras correntes idealistas na compreensão da realidade das coisas. O materialismo histórico é uma proposta de ciência, se apresenta como uma nova ciência, uma nova ciência da história.

Por que não se usa então, em vez de física, "materialismo físico", ou em vez de química, "materialismo químico", já que essas ciências são também materialistas? Poderia, talvez, ser dito que esse nome estranho, materialismo histórico, no lugar de ciência da história ou simplesmente história, busca marcar uma ruptura simbólica clara com todas as interpretações da história da humanidade que não são propriamente materialistas, mas são idealistas. Nesse sentido, materialismo histórico é para deixar claro que, de um lado, se está fazendo ciência da história, e de outro, ciência materialista da história.

História e interpretação do marxismo

Quando se olha para a vida de Marx e se começa a passar em revista toda a sua produção, percebe-se que ele produziu sob diversas formas: panfletos, brochuras de divulgação, crônicas, artigos de jornal, livros complexos. Eis aí um pensador plural nas suas formas de manifestação.

Essa pluralidade permite a muitos intérpretes de Marx a identificação de contradições, de impropriedades, quando se compara uma manifestação com a outra. Normalmente, os não marxistas e, acredite, uma grande parte dos conhecedores de Marx conhecem Marx movidos pelo ódio, comparam obras de Marx de natureza completamente distinta, como, por exemplo, uma peça supersofisticada de conhecimento, como é *O Capital,* com um panfleto de divulgação, como é o caso de *Manifesto Comunista.*

Marx, no *Manifesto Comunista,* permite-se simplificações que em *O Capital* ele não faz, e isso, evidentemente, para quem analisa a obra de Marx dentro de uma busca de coerência formal, sem considerar os contextos em que essa produção aconteceu, salta aos olhos como uma impropriedade ou incoerência. É muito comum denunciar a obra de Marx como uma obra que se desdiz, uma obra que se desmente, uma obra que se revisita. Se o olhar for dentro de uma ótica exclusivamente formal, essa é uma impressão que realmente se pode ter.

Estou expondo uma série de considerações que entendo como introdutórias. Nenhuma ciência humana seria o que é hoje se não fosse o pensamento marxista. Aqui cabe uma observação importante a fazer. Muita gente acredita que o encaminhamento da geopolítica internacional desmentiu completamente as propostas marxistas sobre o mundo, e portanto Marx seria, de uma certa forma, um ponto da história do pensamento a estudar, mas que não encontra nenhum eco ou ressonância no pensamento contemporâneo.

Essa concepção, que interessa a muita gente, estreita e bastante apequenada não só na fertilidade que os instrumentos marxistas oferecem para entender o mundo, mas também na perspectiva de entender a ciência contemporânea como, em grande medida, herdeira de um marxismo revisitado e até crítico.

Em outras palavras, a obra de Marx faz parte de um desenvolvimento da história do pensamento que nos permite concluir - e nos autoriza a isso - que nenhuma ciência humana teria chegado ao ponto que chegou hoje se não fosse seu pensamento. Mesmo que seja para combatê-lo, criticá-lo, ou não concordar com ele, trata-se de referência obrigatória no estudo da história das ideias e no estudo da evolução das ideias até hoje; então, é claro, o estudo de Marx é obrigatório para simpatizantes e também para não simpatizantes. Mesmo porque até para poder criticar é preciso entender um pouco do pensamento, conhecer um pouco e entender um pouco os fundamentos deste teórico.

Marx dividiu o mundo durante um século, e, independentemente das suas preferências ideológicas ou partidárias, esta concepção histórica, se você é lúcido, permite-lhe, de uma certa forma, supor que este pensamento tem méritos incontestáveis, tem forças impressionantes e, como todo o pensamento, tem seus pontos de fragilidade e de incongruência, que serão apontados aqui com a tentativa de ser o mais distante possível do nosso objeto.

O que queria Marx com sua obra

Dentro da imensa obra de Marx destacam-se de uma certa forma dois tipos de pretensão: uma é de natureza científica, e outra, de natureza ideológica e apologética. É muito comum que os comentadores de Marx – quando bem-intencionados – façam essa distinção e se refiram, de um lado, a um Marx cientista e, portanto, analista do mundo de seu tempo e, de outro lado, um Marx visionário, propositor de uma nova sociedade, um Marx conselheiro, ideólogo de um novo mundo, alguém que reflete sobre como as coisas deveriam ser.

Pode-se dizer isso de outro modo: Marx é um cientista porque propôs uma nova ciência, o materialismo histórico, e um visionário porque propôs uma nova maneira de pensar, o materialismo dialético. Portanto, perceba, ele é autor de uma nova ciência e de uma nova filosofia.

Quase sempre, quando se critica a obra de Marx, a crítica é direcionada sobre aquilo que Marx sugeriu, aconselhou e propôs sobre o que deveria ser. Noventa e nove por cento das críticas são endereçadas ao Marx ideólogo, ao Marx dialético. A parte científica do pensamento de Marx é infinitamente menos conhecida.

Aqui, vai nos interessar muito menos o que Marx propôs para o mundo e muito mais aquilo que Marx fez para ajudar a entender o mundo de hoje. Portanto, não cite Cuba, China, Albânia, União Soviética para me aborrecer, não tenho nada com isso, não fui para esses lugares. Desarme-se, porque a reflexão vai ser de outro nível, não há por que defender o capital, todo mundo já faz isso. O capital dispensa a sua devoção.

Mudar o mundo

Vou partir de longe porque o materialismo não começa com Marx, o materialismo histórico sim, mas o materialismo em si, não. Marx não começou tudo do zero, é leitor de muita gente, então, é claro, é importante saber em quem ele se escorou para propor aquilo que ele propôs.

Começo com a primeira citação bibliográfica: *Teses sobre Feuerbach*. Você, que gosta de posar de erudito, é preciso ter algum fundamento e não só a cosmética do saber. É raro, mas às vezes você encontra um lúcido pela frente.

Feuerbach foi alguém que viveu muito próximo de Marx. Marx é um pensador do século XIX, viveu ao longo desse século, nasceu em Tréveris, Alemanha, em 5 de maio de 1818, e morreu em Londres, em 14 de março de 1883, e foi um indivíduo próprio do século XIX, e Feuerbach também. Ele era importante quando Marx escreveu o livro. Marx *engoliu* Feuerbach escrevendo um livro sobre ele, comentando os seus fundamentos.

Na tese XI, Marx tem uma frase absolutamente consagrada: "As filosofias até hoje se preocupavam em analisar o mundo, é mais do que hora de se preocupar em transformá-lo". Na década de 1960, toca-se o hino da Internacional Socialista e alguém com a voz embargada e lágrimas nos olhos diz esta frase: "Está na hora de mudar o mundo, porque esse negócio de ficar comentando o mundo e dizendo como o mundo é nunca levou ninguém a nada".

Se você colocasse essa frase na boca de um superexecutivo de Wall Street, cairia como uma luva. "Esses caras da academia ficam analisando o mundo como ele é, tipo sociólogo e tal, e nós homens do mercado transformamos o mundo e fazemos acontecer o mundo com nossos empreendimentos. Então, está na hora de transformar o mundo em vez de ficar simplesmente analisando como ele deve ser." A frase não é do bambambã do mercado, a frase é do Marx. "É preciso transformar o mundo."

Qual o problema de ver esta frase na boca de Marx, um sujeito que não parou de analisar o mundo, de escrever sobre como o mundo é como é, como as coisas são como são. Assim, não parou de tentar encontrar as causas dos fatos e dos fenômenos sociais. Como é que alguém que passa a sua vida dedicada aos estudos, dedicada à análise da realidade que tem diante de si, vai dizer: "Chega de analisar o mundo, é hora de transformá-lo"? Não parece contraditório, paradoxal? Será que Marx se equivocou, será que isso foi uma manifestação de rebeldia contra o que era a sua própria vida?

Tem gente, por exemplo, que passou a vida inteira nadando ou dando aula e, num dado momento, diz que nadar é insuportável, que não aguenta mais dar aula. Teria Marx, então, se cansado da sua vida analítica, rebelando-se?

O que será que Marx queria ter dito? Será que ele quis dizer que a ciência que não é transformadora do mundo é uma ciência que atende aos interesses dominantes e vigentes em um determinado espaço onde ela é produzida? É uma hipótese. Quando a ciência limita-se a analisar o mundo como ele é, atende aos interesses dos dominantes, que querem justamente que o mundo permaneça como ele é. A ciência, então, limita-se de forma objetiva, neutra, imparcial, metodológica, recuada, "como toda pesquisa tem que ser", a relatar, a reportar as coisas como elas são e, indiretamente, acaba contribuindo para a sua manutenção.

De certa forma, quando a ciência diz que as coisas são como são, ela está sugerindo ou insinuando sua inexorabilidade e, portanto, sugerindo que, se aquilo tem as causas que tem, é porque tem que ser como é, e nada poderá mudar substancialmente ou radicalmente o mundo.

Portanto, a perspectiva da interpretação desta tese XI de Feuerbach é muito simples: a ciência não pode desempenhar o papel de reprodutora das relações de dominação dentro de um determinado espaço, e é por isso que a ciência, mais do que mera analista de um espaço, tem que ser transformadora. Ela tem que ser radicalmente transformadora de um espaço porque ele é indesejável, ruim, apequenador, infeliz.

Marx teria que se ver com essa frase até o fim da vida. Por quê?

O materialista revolucionário

Se eu tivesse que apontar no primeiro destes devaneios um grande problema que Marx teria que enfrentar seria justamente o problema de dizer-se materialista e ao mesmo tempo dizer-se revolucionário. Eu gostaria de alertar para a dificuldade de assumir essas duas bandeiras, e, para que você entenda esta dificuldade, é preciso explicar o que significa ser materialista e o que significa ser revolucionário. Após a explicação, você mesmo me dirá: "Mas como? Ou eu sou materialista e aceito a inexorabilidade do devir a partir de suas condições materiais dadas, ou eu sou revolucionário e creio na possibilidade de interceder na cadeia de causalidades, redirecionando-as!". Crer no dois ao mesmo tempo parece difícil! E Marx passou décadas da sua vida tentando resolver esta dificuldade.

Ao longo da história do pensamento podemos dizer que se assistiu ao enfrentamento de dois tipos de concepção sobre a vida no mundo. Uma concepção dá ao mundo a primazia e, portanto, coloca você em uma posição tal que, se for conhecê-lo, pressuponha que ele é matéria, é substância, que é de um jeito determinado e você pensará tanto melhor quanto melhor conhecer as coisas do mundo, como ele é concretamente, materialmente e assim por diante.

Imagine um cientista e uma árvore. No bloco de notas deste cientista consta que a sua relação com a árvore é a seguinte: a árvore é uma realidade soberana, e ele é um observador de árvore. E tem diante de si, portanto, uma árvore que será tão melhor conhecida quanto mais respeitado o entendimento dela como ela verdadeiramente é. Esta é a primazia da matéria. O cientista do exemplo é um materialista. Ele postula que o mundo já existe, de um determinado jeito, e nós temos que buscar conhecê-lo a partir do que ele já é. É preciso, então, para conhecer, estar à mercê de um mundo que se impõe a nós, antes mesmo de nós o conhecermos.

A outra maneira de conhecer a nossa relação com o mundo é oposta porque dá a primazia ao observador. Em outras palavras, porque parte da premissa de que o mundo *por ele mesmo*, o mundo em si, nós não conheceremos nunca, não sabemos nem se ele é. "Então você dirá: não gostei desses, eu gosto daqueles que dizem como o mundo é direitinho, esses que não sabem se o mundo existe são uns xaropes". Porém esse têm argumentos fortes. Eles são os idealistas.

Se você está diante do mundo, a primeira pergunta possível é: O que do mundo você pode conhecer? E rapidamente você se dá conta de que o que você pode conhecer do mundo é determinado por você mesmo, pelas suas percepções e, portanto, aparentemente, você é uma barreira invencível para chegar ao mundo. Quando você olha para o mundo, dependendo do ponto de vista que você angular, ele será um. Os idealistas vão criar, então, o conceito de aparência. A aparência é infinitamente plural, pois varia dependendo do ponto de vista. De uma certa distância, do seu estado de espírito, da angulação, a aparência varia; antes do coito, a aparência do corpo desejado é uma, já depois do orgasmo... Portanto, se existem infinitas aparências das coisas e eu não posso ir além delas, como você vai falar de matéria?

Se o cientista do nosso exemplo bucólico fosse idealista, diria: à árvore nela mesma eu não tenho como chegar, o que eu tenho são aparências de árvore. E mais: se eu ficar dando voltas na árvore, eu terei um milhão de flagrantes diferentes, mas a árvore em si escapar-me-á sempre. E, neste caso, não terei nunca a certeza da sua existência. Do que eu posso, sim, ter certeza, é da sua essência, porque esta não depende da percepção que eu tenho. Eu olho para árvores e elas são diferentes umas das outras. Não há nenhuma árvore igual a outra, só que eu, por alguma razão, sei que todas são árvores. É sinal de que eu tenho a essência de árvore, ideia, o arquétipo de árvore em mim. E é graças a essa ideia que eu sei que todas são árvores, muito embora elas sejam diferentes umas das outras.

Portanto, dizem os idealistas: é porque eu tenho a ideia de árvore que sei que todas são árvores. Se eu não tivesse a ideia de árvore, o que aconteceria? Eu olharia para árvores singulares e diferentes umas das outras e eu jamais poderia reuni-las em torno da ideia de árvore. Cada uma delas seria uma "coisa" diferente, com uma designação diferente. Diante de cada uma delas – ou de qualquer coisa no mundo – eu teria uma surpresa radical. É graças à minha ideia de árvore que a árvore é árvore, senão cada árvore eu poderia chamar de nomes diferentes, e seriam singularidades incomparáveis.

Eu não sei se você percebeu, mas esse tipo de pensador é chamado de idealista porque a segurança está na ideia; o outro pensador é chamado de materialista porque a segurança está na matéria.

Eu tenho impressão de que isso é fácil de perceber se forem comparados pensadores concretos.

Platão x Demócrito

Vamos comparar dois contemporâneos: Demócrito e Platão, um materialista e um idealista.

Demócrito não vai ser encontrado na literatura como um materialista propriamente, porque na época dele o materialismo era chamado de atomismo, que vem de "átomo" mesmo. Qual a perspectiva de Demócrito sobre nós e o mundo? Para ele, tudo na natureza é constituído por átomos e vazio. "Professor, precisa do vazio? Não gosto de nada vazio, me dá uma tristeza..." Ora, precisa do vazio para os átomos passearem, se movimentarem. E é por isso que você envelhece e morre. Se os átomos ficassem parados você seria eterno. Felizmente, não é o caso. Digo felizmente porque na eternidade não há acontecimento. Se os átomos não se movem, nada acontece. Se nada acontece, você é incapaz de fazer qualquer coisa.

Demócrito afirma que os átomos estão em movimento, então o que constitui o mundo são os átomos em movimento. Quando os átomos se movimentam, eles se esbarram, e, ao se esbarrarem, os átomos acabam produzindo o que Demócrito vai chamar de energia vital. E esta energia está em nós, pasme!

O que existe além de átomos em movimento? Nada. Só existem átomos e vazio, só isso. Se eu sou diferente de uma carambola, é porque os átomos que me constituem devem ser um pouco diferentes dos átomos que constituem a carambola, mas a rigor tanto eu quanto a carambola somos átomos em movimento e vazio.

"Mas, Professor, e quando eu defeco?" Átomos em movimento.

"E quando eu dirijo?" Átomos em movimento.

"E quando eu penso?" Demócrito dirá, quatro séculos antes de Cristo: átomos em movimento. Você percebeu que, se você pensa, a matéria veio antes? Demócrito atomista: o pensamento são átomos em movimento.

Ele é importante porque está nos garantindo que o pensamento é uma atividade física do corpo, como qualquer outra. Para Demócrito, o pensamento sobre o mundo nada mais é que matéria que se relaciona com a matéria. Ele vai mais longe: os átomos que permitem pensar são um pouco diferentes dos átomos que permitem defecar. E eu acrescento: muito pouco, para muitos quase não se nota a diferença!

Esclarecendo, Demócrito tem toda uma tese de átomos lisos, rugosos, frios, quentes, que não nos interessa tanto aqui. O que nos interessa é que para, Demócrito, os átomos que pensam são de um tipo diferente, mas sua atividade está sempre associada à de outros átomos. Razão pela qual, para ele, o pensamento não é nem sequer uma atividade isolada do resto, mas sim uma atividade do corpo absolutamente imbricada nas outras. Os átomos funcionam em parceria, diz Demócrito, de tal maneira que o átomo que pensa está associado com átomos que não são pensantes, e, por isso, defecar tem a ver com pensar, respirar também; tudo o que o corpo faz conta com o pensamento, e tudo que é pensamento tem a ver com o que o corpo faz.

Portanto, não só o corpo é produção da matéria, como o pensamento tem a ver diretamente com todas as reações que o corpo tem ao longo da sua vida. Assim, se você tem uma dor no joelho, isso tem consequência no seu pensamento! Se você tem um distúrbio gástrico, isso tem consequência no seu pensamento! Não há que se separar átomos pensantes de átomos não pensantes, porque estão em associação, e eles se relacionam permanentemente uns com os outros. Isso significa que todas as suas sensações levam suas reflexões a consequências diretas. Finalmente, isso significa que eu preciso entender quais são as minhas sensações para entender quais são as minhas reflexões.

Então, agora, temos que nos fazer outra pergunta: afinal de contas, o que determina as sensações? Demócrito diz que os nossos átomos são permanentemente abalroados por outros átomos, e esse abalroamento determina em nós sensações e pensamentos. Em outras palavras, tudo que passa pela minha cabeça tem a ver com o que eu sinto, e tudo que eu sinto tem a ver com a maneira pela qual eu existo no mundo. Minhas sensações, então, dependem dos mundos que estão diante de mim e de todos os mundos que produzem sobre mim efeitos.

Se Demócrito tivesse vivido um pouco mais, teria concluído que as condições materiais do pensamento são as condições materiais da produção de bens no mundo capitalista. Mas Demócrito fraquejou e morreu, mesmo porque era preciso que Marx acrescentasse alguma coisa ao seu pensamento.

Espero que tenha ficado claro que a produção intelectual que o caracteriza e o acompanha, que você acha que tem uma origem da qual você pode se envaidecer como, por exemplo, você mesmo, ou sua alma, contatos cósmicos, intuições superestelares e o que você quiser imaginar, é, na verdade, a única coisa que poderia passar pela sua cabeça dado o seu corpo e o mundo com o qual seu corpo se relaciona. Produção intelectiva, se você preferir, são átomos em movimento. E o movimento tal como ele se encontra agora? É consequência do quê? De um milhão de encontros com o mundo que permitem que isso aconteça, mas é a única coisa que poderia acontecer dado o seu corpo e dada a sua trajetória no mundo.

Concluindo o pensamento de Demócrito, para você não ter dúvida: a pera cai da pereira, o vento venta, a maré mareia e você pensa. E tudo não sai da mais estrita inexorabilidade material porque tudo é regido por causas materiais que são o que são. E você é uma circunstância, um azar. Você é um acaso, um resultado de muitos acontecimentos inescapáveis. A matéria foi seguindo seu caminho, até que um dia você apareceu. Você, como matéria, foi encontrando outras matérias, veio vindo, não morreu ainda e apareceu aqui, como só poderia ser, pensando o que só poderia pensar, desejando só o que poderia desejar. Portanto, você é absolutamente inexorável. Pensamento de Demócrito. A pera cai e você pensa, igualzinho.

Avancemos para as consequências científicas disso que acabamos de ver: foi dito que a consciência é tão matéria quanto qualquer outra atividade do corpo e, portanto, a compreensão da consciência pressupõe a compreensão de todas as suas causas materiais. Este princípio básico levou, ao longo da história do materialismo, ao aparecimento de várias formas de investigar as causas materiais do pensamento: Demócrito pensou nos átomos em relação; alguns colocaram ênfase na biologia; outros, na linguagem, na sociedade, na economia. Se são muitos os materialismos explicativos do pensamento humano, todos eles têm algo em comum: o pensamento não é o motor da história. Pelo contrário, o pensamento é um sintoma de relações materiais que lhe dão causa.

Perceba que, se o pensamento não for o motor da história, aquela pergunta que vai nos incomodar ao longo do livro (como transformar o mundo sendo um materialista) começa a fazer sentido. Como é possível propor uma transformação tão radical do mundo se o meu pensamento já é o resultado do mundo como ele é? Este é o problema marxista por excelência: o materialista, que diz que as coisas são como são e o pensamento é o que é, tem que admitir que o seu próprio pensamento nada mais seja que o resultado de certas operações da matéria. Ora, se é assim, como você pode supor uma obra filosófica transformadora do mundo se a própria filosofia nada mais é do que o resultado bastardo das relações materiais no mundo? Começa a fazer sentido, mas vai fazer mais sentido ainda quando contrastarmos Demócrito com Platão.

A primeira coisa que devemos destacar do pensamento platônico é o dualismo. Dualismo significa, de um lado, que o mundo é dividido em dois e que, de outro lado, o homem é dividido em dois.

Comecemos pelo homem: para Platão, o homem tem um pouco de Demócrito porque também e constituído por um corpo, que é dotado de sentidos. Este corpo é transitório, fugaz, desejante, amante, apetente. Ele se relaciona com outros corpos e está condenado a perceber aparências no mundo porque, quando ele olha para o mundo, já olha com os limites da sua sensorialidade. Esta é a primeira parte do homem, a parte que o aproxima da animalidade. Mas, se os animais terminam por aí, o homem tem um "plus": uma tal de alma, e ela, pasme, não é material.

O homem, então, tem esse apêndice de imaterialidade que o discrimina do resto. E a imaterialidade da alma, que pode parecer um detalhe, muda tudo. Imediatamente, significa que ela não é fluxo, não é trânsito, não se relaciona, não se deteriora, não é finita, não morre, não adoece. A alma, sendo imaterial, é atemporal, portanto sempre existiu.

E a junção corpo e alma, como se dá, então? Platão diz que, quando você nasceu, o seu corpo aprisionou a sua alma. "E como isso se deu?" Não force a barra, contente-se com o que Platão explica.

Eu bem que poderia dizer que deram um laço para o recém-nascido, havia umas almas voando, aí ele pegou a alma no laço, mas provavelmente você não ia acreditar. Por isso, Platão mesmo não explica. Fica tudo assim, numa opaca simplicidade. Mas prossigamos.

Para Platão, a alma tem três divisões, e cada uma delas tem uma função específica, cada uma permite fazer uma coisa diferente.

A primeira é sentir. "Mas quem sente não é o corpo?" Não. Para Platão, o corpo só sofre o efeito do mundo. É a alma que permite interpretar esse efeito. O exemplo que eu mais gosto é o exemplo da canela e a quina da cama. Você provoca o encontro entre a sua canela e a quina da cama, e a canela age sobre a quina da cama. Você, egocêntrico, não percebeu que machucou a quina da cama, mas, definitivamente, a quina da cama também agiu sobre você. E a sua alma interpreta aquele efeito, e a interpretação é a dor. Mais especificamente, é a parte inferior da alma, simbolizada no baixo ventre, a responsável por esta interpretação. A segunda função da alma é deixar você colérico, é você se posicionar, manter o seu ponto de vista. É a parte da alma indignante, irascível, representada pelo peito. A terceira função da alma, que, na verdade, é a mais importante, é a racional. É a alma que pensa. Portanto, contra Demócrito, Platão dirá que o corpo não pensa nada. Quem pensa é exclusivamente a alma, soberanamente.

Agora vimos um elemento fundamental: em todo o idealismo existe uma função pensante do homem, soberana às outras funções. E, portanto, se o homem pensa soberanamente, este pensamento pode julgar o corpo, seus desejos, seus apetites, seus amores, suas condutas. E a superioridade pensante da alma, a possibilidade de a alma se sobrepor ao corpo é obviamente garantida pela sua imaterialidade: pelo fato de aquilo que pensa em nós ser imaterial, o que passa pela nossa cabeça não é o resultado de causas materiais e pode, então, ser controlado por nós. O pensamento, imaterial, é a nossa marca registrada.

Como consequência disso, temos que este pensamento soberano em relação ao corpo é um pensamento que permite definir a vida, a sociedade, para além dos apetites, definir o mundo para além dos prazeres circunstanciais deste ou daquele. Isso ocorre porque a imaterialidade e a soberania da alma representam a capacidade de buscar a Verdade, que é obviamente superior aos desejos, aos apetites do corpo. A busca da suma Verdade é a prova indiscutível de que o nosso pensamento não é um mero resultado da matéria, e, muito embora o mundo seja como ele é, graças à soberania da alma o homem pode ver diferente, o homem pode ver longe, produzir a mudança, ir mais longe, pode revolucionar o mundo, exatamente porque ele pode pensar a respeito de mundos que não são, soberana que é a sua capacidade pensante em relação à matéria.

Materialismo ou idealismo para mudar o mundo?

Você, se é leitor atento, deve ter refletido sobre o que leu e, neste momento, pensa: "Se eu bem entendi, existem duas maneiras de encarar o problema: ou o pensamento é matéria e, como tal, determinado pela matéria; ou o pensamento não é matéria e, portanto, não é determinado pela matéria, e aí podemos controlá-lo". Você está indo bem.

E você deve ter entendido que Marx entra numa sinuca de bico ao ser um materialista que quer transformar o mundo. A proposta de Marx nos obrigará a comprar a primeira tese e entrar de cabeça nela, porque Marx passará toda a sua obra tentando mostrar por que o materialismo explica, inclusive, o idealismo.

O idealismo é materialista

Então, vamos avançar. A pergunta obrigatória para entender o último parágrafo é: quais são as causas materiais que levam o homem a acreditar na existência de uma alma imaterial que pensa soberanamente? O que significa dizer: quais são os apetites e os desejos do corpo material que levam o homem a acreditar na possibilidade de verdades absolutas, verdades que independam do próprio corpo, de verdades eternas que transcendam a materialidade da vida? Em outras palavras: que sacanagem o idealismo esconde?

O desafio do materialismo é mostrar que, quando você acredita que é o marco zero da produção do pensamento, na verdade, está simplesmente ignorando as causas materiais que o levaram a esse pensamento.

Para entender, imagine que, para você, a sua consciência é tudo. Porque você está dentro dela, como se estivesse dentro de uma garrafa. Você não tem, por definição, acesso àquilo que está fora da sua consciência. Mas entenda também que isso não quer dizer que o que escapa à sua consciência não exista. Se levássemos este princípio à risca, não poderia existir mundo antes de nós, pois o mundo antes de nascermos está necessariamente fora da nossa consciência. Há coisas fora da consciência, ou seja, há coisas que existem e que não conseguimos perceber. Para o materialismo, como já apontamos aqui, várias dessas coisas nos afetam, mesmo sem que nós as percebamos. E aí, nesta cegueira inescapável, você acha que a sua consciência é indeterminada ou sem causas, simplesmente por não as ver. Eis a origem da sua independência, ou, se você preferir, soberania.

Mas eu ainda não convenci você; pelo menos não o suficiente para me convencer disso. Por isso, vou apresentar três concepções materialistas que darão conta de quebrar as suas defesas.

1. Concepção materialista do Dr. Freud: a consciência que você tem do mundo em um determinado instante é uma parte insignificante de toda a sua psique. A metáfora freudiana é aquela do *iceberg*: acima da superfície é a consciência; abaixo, o inconsciente. Sendo assim, a consciência não se explica por si só. Você só entende aquilo que passa pela sua cabeça; está sempre em relação com outras coisas que circunstancialmente não estão na sua mente em um determinado momento – ou nunca virão à tona a não ser depois de anos de minucioso escrutínio.

O Dr. Freud vai nos propor que a inconsciência é um grande motor explicativo do que aflora à consciência. Esta é uma forma particular de entendimento que vai retirar da consciência a sua soberania e vai reinscrever o homem em uma certa perspectiva de materialidade que de certa forma explica o seu pensamento sem que ele possa se dar conta completamente.

2. A perspectiva do materialismo de Marx é mais visível, e ele vai nos explicar que tudo que passa pelas nossas cabeças não se explica por si só, que as causas materiais do que passa pela cabeça estão na produção de bens materiais da sociedade em que se vive. Se você preferir, estão na economia da sociedade em que você vive. Se você quer saber por que as pessoas pensam como elas pensam, saiba que a verdadeira explicação está nos processos de produção de bens materiais da sociedade em que aquela pessoa se encontra.

Você olha e diz: "Isso me parece mais delirante que o inconsciente de Freud. Eu não vejo nenhuma relação entre a fabricação de um veículo automotivo, eu não vejo nenhuma relação entre o processamento alimentar na sociedade, eu não vejo nenhuma relação entre o processo de fabricação de uma torneira ou de um pufe com o que as pessoas pensam na sociedade!".

É por isso que escrevemos este livro, para você enxergar com clareza como é que você sai dos processos produtivos até chegar às formas autorizadas de pensamento em uma determinada sociedade.

3. O pensamento pós-moderno diz o seguinte: felicidade é a somatória de satisfações, que, claro, pressupõem desejos a serem satisfeitos. Quanto mais desejos eu tiver, mais satisfações eu poderei ter, e quanto mais amiúde eu tiver satisfações, mais eu terei felicidade. Resumi Bauman, Lipovetsky, Maffesoli e Baudrillard em uma fórmula única.

Naturalmente, esta nova sociedade pós-moderna é aquela na qual o consumo tem enorme importância. *A vida para o consumo* de Bauman ou *A sociedade do consumo* de Baudrillard ajudam-nos a entender isso.

Consumismo: materialismo histórico em ação

Eu citei o materialismo histórico e, logo depois, propositalmente, o consumismo, porque é no consumo que o capitalismo mostra toda a sua pujança. É na cultura do prazer que o capital se locupleta. A sua incrível capacidade de se transformar, adaptar, reinventar é vista como em um espelho na cultura do consumo. E são essas características (a inovação, a transformação, a ocupação de todos os espaços, o aproveitamento e a geração de oportunidades) que garantem, a rigor, a perpetuação deste sistema. O capital não precisa de um mundo ideal para prosperar; ele prospera no mundo que vier. E ele cria o mundo, quando precisar.

Mas nem sempre foi assim. É possível problematizar o prazer. É possível se defender da desenfreada consumação. O homem já desconfiou muito do prazer como meio para a felicidade. Veja como Sócrates define o prazer, no *Fedro*: "Quando o guarda relaxa a corrente do seu pé". Ele explica que todo prazer pressupõe um desejo anterior e, portanto, uma insatisfação, uma dor. Portanto, acreditar que uma somatória de satisfações vai dar um estado de satisfação plena é um erro de cálculo, porque a satisfação só é satisfação na medida em que resolve um problema de insatisfação anterior. O grande problema do consumismo, e aí começam a aparecer as fendas no instrumental capitalista – fendas que Marx erodiu como ninguém –, é que a busca deste prazer requererá sempre uma dor anterior. A cultura do consumo exige de você sempre um pouco mais de dor que de prazer. Porque ela quer que você vá correndo atrás da satisfação desses desejos, que são como tapa-buracos dos seus incômodos. A fórmula do prazer é sempre desfavorável, porque antes vem a dor. Qual é a graça de viver de prazer em prazer se isso também significa viver antes de dor em dor? Dei um nó na sua cabeça. Vamos tentar desatá-lo.

Como falamos, o capitalismo tem a forma que precisa ter para sobreviver (e sobreviver significa expandir). Por isso, é claro que o homem só passou a pensar desse jeito consumista de uns tempos para cá. Até muito pouco tempo atrás, mesmo dentro do capitalismo o homem não pensava assim. Pelo contrário, pensava-se que era muito legítimo buscar a prosperidade. Max Weber ensina na *Ética protestante e o espírito do capitalismo* que, graças ao dogma da predestinação, que Deus distribui ao seu critério, as pessoas já nascem predestinadas a serem salvas e, portanto, não há nada que se possa fazer para mudar os designíos divinos. Assim, não há nada que você faça que possa garantir a sua salvação. Acontece que Deus não marcou você fisicamente. Weber diz então que a prosperidade é um sintoma da alegria de Deus com você. A prosperidade é um sintoma de que Deus vai com a sua cara; a prosperidade era a antessala do paraíso; o próspero era o predestinado.

Partindo do dogma da predestinação, o homem vai buscar ser rico porque isso é uma garantia psicológica importante de que ele está no bom caminho para a salvação. Porém, quando ele obtém o dinheiro, não está autorizado a gastar, e isso, é claro, implica uma espécie de contradição do capitalismo, fantástica porque o capitalismo pressupõe que você busque a prosperidade; a prosperidade pressupõe que você produza muito e que você pague pouco aos seus funcionários, e - nessas condições - as pessoas não podem consumir o que produz e aí você tem uma contradição no sistema. Pela lógica materialista histórica, a análise dirá que há um problema na infraestrutura econômica e um discurso moral que está na superestrutura e que está impedindo o pleno desenvolvimento do sistema. O que vai acontecer? O discurso moral é dispensado, porque a base econômica da sociedade vai garantir o pleno desenvolvimento do sistema.

Se o discurso moral está atravancando, ele será substituído por outro mais adequado, razão pela qual o homem deixa de se privar do consumo, deixa de levar uma vida asséptica, uma vida de simplicidade, autopunitiva e passa a levar uma vida de consumo, de prazer, de excessos, de maior aproximação entre o prazer e a felicidade.

Por que é que o homem passou a pensar diferente e a se permitir mais, a não ter tantos pudores em gastar o dinheiro que ganha? Por que o homem se permitiu comprar a felicidade com esse dinheiro que tinha? Porque esse novo discurso moral é uma consequência de uma necessidade econômica que é a de fazer com que as pessoas gastem o seu dinheiro e alavanquem o bom funcionamento do sistema. Essa é uma interpretação marxista dessa guinada do pensamento moral asséptico da primeira metade do século XX para o pensamento moral consumista da segunda metade do século XX.

Foi o próprio sistema capitalista que exigiu a conversão de uma moral de poupança para uma moral de gasto e de consumo. Quem interpreta as coisas desse jeito o faz com lucidez e pertinência marxistas e com altivez marxista. Agora, se você achar que a moral tem uma vida própria e que não tem nada a ver com as necessidades do sistema econômico, se você achar que o que as pessoas pensam sobre a vida boa está totalmente divorciado das condições materiais de produção real de bens, se você achar que o que as pessoas pensam advém de uma liberdade intelectiva, que não tem nada a ver com a produção real de bens e com as necessidades materiais reais da sociedade, você é um idealista.

Não tenho a intenção de fazer você sair desta leitura interpretando tudo à moda marxista. Mas quero fazer com que você possa, pelo menos, considerar que, se o seu patrão algum dia disser algo que lhe desagrade, ou cujas intenções primeiras você queira conhecer, uma resposta talvez seja a de que ele é um explorador do seu trabalho e busca o lucro. Um exemplo e encerro este capítulo.

A qualidade de vida vista pelo materialismo histórico

A qualidade de vida é o discurso corporativo garantidor de vida boa para qualquer um, através do respeito de certos quesitos, como consumo de carne por ano, redução da jornada de trabalho, iogurte *light*, ioga, atividade física, suco de bagaço de laranja etc...

Empresas que se consideram muito preocupadas com seus colaboradores lançam cada vez mais programas de qualidade de vida. Inventam cada vez mais ideias inovadoras para ocupar o tempo daqueles que frequentam aquele espaço. E você dirá: "Até agora, nada de errado!". Pois é, mas o que o materialismo histórico lhe dirá é que há, por trás da invenção de cada programa, uma causa material. Qual é a causa material neste caso? A estafa, a fadiga, o estresse, a pressão, o desgaste, a sobrecarga, a hora extra. E o que a empresa faz? Ao criar um programa de qualidade de vida, ela nega que as condições materiais anteriores aos programas, as suas causas, possam ser diferentes do que são. Quando alguém lhe propõe um *workshop* na praia, o que está dizendo é: "Olha, meu amigo, nós vamos lá fazer cobranças, colocar metas para você cumprir, aumentar a sua carga de trabalho, aumentar sua preocupação e tudo mais, mas não se preocupe, no final, você faz uma tirolesa e esquece um pouco a parte ruim da vida, porque esta nós não vamos mudar nem um pouquinho".

O que a análise marxista vai dizer da qualidade de vida? Que ela é uma estratégia de legitimação do sistema tal como ele é. E aí ninguém se dá conta de que a tal da qualidade de vida não coincide com uma vida de qualidade. Por que você precisa de tantas atividades de qualidade de vida? Por causa do estrago que a sua vida estressante lhe faz. Então, por que não cortar o mal pela raiz? Porque não interessa à expansão do capital. Este é o ponto de vista marxista, que não perdoa nem o pulo de paraquedas, nem o kart, nem o fim de semana com a família num *workshop* em Embu das Artes.

E por que nem você nem ninguém percebe o engodo? Porque, Marx dirá, são alienados. E não se preocupe porque teremos um devaneio só sobre isso, para você entender que não estou aqui só descarregando os recalques da vida de professor. Essas coisas todas se interconectam e fazem bastante sentido. Estamos todos, no final das contas, sob as asas do capital, e, quando legitimamos todas as estratégias de dominação e alienação, somos o pior dos seres para nós mesmos, porque aceitamos o enrabamento e achamos que o enrabamento faz parte da natureza das coisas, que o mundo é assim, uns fodem e os outros são fodidos. E ainda nos alegramos com o curativo existencial da qualidade de vida, e achamos que a empresa que nos explora é muito preocupada conosco, quando, na verdade, tudo isso não passa de distrações baratas para que não se questione e nem se perceba a injustiça de todo o resto da sua convivência.

Se você aguentou até aqui, sugiro que continue na jornada, para que, no final desta leitura, possa você mesmo chegar a essas conclusões, tanto na qualidade de vida quanto em tantas outras questões. São mais sete devaneios, agora mais voltados ao pensamento de Marx, já que você já está prevenido a respeito do materialismo e do idealismo.

Venha comigo. Não prometo flores. Não em Marx, mas prometo que me esforçarei ao máximo para fazer de tudo isso algo palatável à sua mente, palatável o suficiente para que você desfrute e provocador o suficiente para que você se transforme.

Segundo Devaneio – Infraestrutura e superestrutura

Lembranças

No primeiro devaneio, apresentei a perspectiva de necessidade das relações materiais: o real determina o real dentro de uma estrita inexorabilidade. Tudo é como só poderia ser. Ainda nessa perspectiva duas inferências: em primeiro lugar, os afetos: se matéria determina matéria, o mundo com o qual nos relacionamos determina em nós transformações materiais. Daí nossas sensações. Sentimos o que só poderíamos sentir. Então, as alegrias são necessárias; as tristezas são necessárias, e necessidade é entendida aqui em seu sentido filosófico: aquilo que é como só poderia ser.

Além dos afetos, também os pensamentos são necessários. Em outras palavras, o que passa pela cabeça de cada um é o que só poderia passar em um determinado momento, resultado que é de relações materiais. Se passarmos da esfera individual para a esfera coletiva, concluímos que a vida social também é regida pelo princípio da necessidade. A sociedade à qual pertencemos se organiza como só poderia se organizar dada uma certa situação de materialidade que a caracteriza, o que vale para a economia, a política, o direito, a moral, a religião, a linguagem e tudo mais.

Esta é a primeira grande ideia do materialismo. Tudo é explicado pelo materialismo sob uma ótica de relações materiais necessárias.

As causas das coisas

Passemos para a segunda ideia do materialismo. Neste devaneio, veremos que, dentro da perspectiva materialista da história, toda sociedade pode ser observada a partir de dois tipos de fenômenos: a infraestrutura e superestrutura.

Toda sociedade tem fenômenos infraestruturais e superestruturais. Dentro da perspectiva do materialismo histórico, todos os elementos superestruturais encontraram suas causas primeiras nos elementos infraestruturais, o que não exclui determinação em sentido contrário. Calma, que já, já você vai saber o que isso quer dizer.

Vamos ao mais importante: se eu quiser entender por que elementos da superestrutura de uma sociedade qualquer – tais como o pensamento filosófico, as ideologias em circulação, a educação, a religião, a moral – são o que são, a resposta está na infraestrutura. Em outras palavras, eu não posso encontrar respostas para a superestrutura investigando a própria, porque ela se deixa explicar a partir de elementos que lhe são externos. Em outras palavras, a superestrutura não é autônoma, não se governa, não se explica, não é causa de si mesma. O nome que se dá para o que não é autônomo é "heterônomo".

Se um pesquisador filiado ao materialismo histórico empreender investigação sobre o sucesso do padre Marcelo, não encontrará a resposta no próprio padre, em seus atributos pessoais como carisma, retórica, presença de palco etc. As variáveis determinantes do seu sucesso encontram-se na infraestrutura da sociedade que o aplaude, na qual o padre Marcelo faz sucesso. E isso vale para o William Bonner, para as filosofias de sucesso, para as morais de sucesso, o direito, as crises do Senado e para mais o que você quiser e puder imaginar, de tal maneira econômica as causas primeiras de todos os elementos superestruturais.

A infraestrutura

O elemento central de toda infraestrutura, seja na sociedade da pedra lascada ou na sociedade pós-industrial, é o que o marxismo chama de processo de produção. Em outras palavras, o que verdadeiramente explica o direito, a moral, a religião, a educação, a filosofia, e qualquer coisa na sociedade é a maneira como ela produz bens materiais.

Todo processo de produção, dirá Marx no livro I de *O Capital*, é constituído por dois elementos:

1. Processo de Trabalho;
2. Relações de Produção.

Vamos começar pelo segundo: as relações de produção são as condições históricas concretas em que o trabalho se dá. Isso quer dizer que elas são umas ou outras, dependendo da sociedade e da época estudada. Na Grécia, as pessoas trabalhavam, mas as relações de produção eram tais, diferentes das do Império Romano, da Idade Média, da revolução comercial, da revolução industrial e assim por diante. Trocando em miúdos, as relações de produção são, a rigor, as condições históricas concretas em que o trabalho acontece.

Por exemplo, o professor Clóvis trabalha. Onde ele trabalha? Na universidade. O que ele faz? Ele dá aula. Quem é que paga pelo seu trabalho? Ninguém – brincadeira. Quanto paga? Melhor não entrar neste detalhe.

Todas as condições concretas que permitam que o trabalho aconteça recebem o nome de relações de produção. Você percebe que enquanto o trabalho é um conceito trans-histórico, as relações de produção são exatamente a dimensão histórica concreta e real em que o trabalho pode acontecer. Você pode até falar de trabalho dentro de uma perspectiva puramente hipotética, mas as relações de produção são concretas, então não existe produção sem trabalho e sem as relações de carne e osso nas quais o trabalho se dá. Isso é o que estamos chamando de processo de produção.

Concretamente, o que é importante nas relações de produção contemporâneas? Vou dar um exemplo da sociedade capitalista que é sobre a qual mais se vai falar. As relações de produção têm dois elementos importantes, o primeiro deles são as relações de propriedade. A propriedade é o primeiro grande quadro material concreto em que o trabalho acontece. Tudo tem um dono. Outro aspecto importantíssimo é a maneira como você distribui a riqueza em uma sociedade.

Muito bem, eu acho que você entendeu, o trabalho é o trabalho, as relações de produção são o quadro material em que o trabalho acontece. Falemos então do trabalho, nosso primeiro item. Lembre-se de que estamos invadindo a infraestrutura, porque não podemos entender o padre Marcelo (por exemplo) sem entender a infraestrutura. Pois, então, tentaremos responder às seguintes questões, que no fundo são a mesma: o que é o trabalho na perspectiva marxista? O que é o trabalho para o materialismo histórico?

O trabalho para Marx

O trabalho é uma atividade de transformação que é exercida sobre um objeto através de certos meios ou instrumentos. Olhe que fantástico! Trabalhar é pegar um objeto qualquer, agir sobre esse objeto e determinar uma transformação nele, uma transformação específica, em um produto. Mas agora eu confundi você. Você perguntará: "Afinal, o que caracteriza a diferença entre um objeto e um produto?".

A diferença é que o produto se define pela sua utilidade. Trabalhar, então, é dar utilidade a algo. São, portanto, três os elementos do trabalho: o objeto, os instrumentos ou meios de trabalho e a atividade que aplica os meios ao objeto.

O objeto do trabalho é classicamente dividido em dois:

1. Matéria Bruta;
2. Matéria-Prima.

A matéria bruta é aquela vinda direto da natureza e ainda intocada pelo homem, e a matéria-prima é aquela já trabalhada pelo homem e pré-preparada para a produção. O termo matéria-prima pode levar a confusão, a se acreditar que o termo "prima" tenha a ver com primeira, isto é, com uma anterioridade cronológica face à ação do homem. O conceito indica o contrário: a matéria-prima é cronologicamente posterior à matéria bruta e à ação do homem. O trabalho, então, pressupõe uma ação sobre a matéria bruta ou sobre a matéria-prima, no sentido de convertê-la em um produto caracterizado pela sua utilidade.

Eu acho que você percebe que a discussão filosófica sobre o produto vai aparecer em algum momento, porque, para você configurar alguma coisa como produto, ela tem que ser, primeiro, resultado de um trabalho e, segundo, alguma coisa que tenha valor de uso.

A utilidade do produto – o atraso de Marx

O que é, então, "valor de uso"?

É alguma coisa que atenda a uma necessidade humana, individual ou social. Está posto, então, que grande parte das discussões filosóficas que você vai ver sobre o trabalho vai incorrer nesta definição de produto. Em outras palavras, vão incorrer na resposta à pergunta: "O que é efetivamente necessário para que as pessoas possam viver?".

Um problema que abordarei brevemente é que a grande análise marxista do mundo contemporâneo conclui que quase tudo que é produzido transcende a definição de produto de Marx. Vê-se com clareza, hoje, que quase tudo que a indústria produz contemporaneamente não é estritamente necessário, não se encaixa na ideia de valor de uso imaginada por Marx. Aposto que, olhando a sua volta, encontrará dez exemplos de coisas que não são estritamente necessárias para você: uma pantufa, por exemplo.

Essa definição de produto marxista absolutamente não nos serve mais. Em um telefone celular, por exemplo, a ideia de valor de uso é uma ideia insuficiente para dar conta do avanço da produção industrial contemporânea. Para analisar o produto de hoje em dia, precisamos expandir nossos horizontes, entender que circulam utilidades, sim, mas circulam muitos símbolos. O simbólico é o que caracterizou a evolução das mercadorias no capitalismo. Desde a ascensão das marcas, até a segmentação, as diferenciações de produtos que fazem a mesma coisa, o nosso conhecido "*gourmet*". Caldo de galinha *gourmet*, o que é? É o valor de uso do caldo de galinha acrescido de uma simbologia de luxo, ostentação, excelência, ou o que mais você conseguir enxergar.

A força de trabalho

Falei sobre o objeto, quero falar um pouco sobre essa atividade. O homem age sobre o objeto e faz do objeto um produto. Toda atividade implica um certo gasto de energia, e a energia que o homem gasta no trabalho recebe no materialismo histórico o nome de força de trabalho. Preste atenção, porque uma coisa é o trabalho, e outra é a força de trabalho. Qual é a diferença?

O trabalho é o resultado da ação do homem sobre a natureza, transformando o objeto em produto, e a força de trabalho é a energia que ele usa para transformar o objeto em produto. Perceba que não são a mesma coisa, porque, a rigor, dependendo do meio que o homem usa para transformar o objeto em produto, ele terá que gastar menos ou mais energia para conseguir a mesma produção.

Essa diferença entre trabalho e força de trabalho é absolutamente central, porque tradicionalmente o capitalismo não remunera o trabalho e sim a força de trabalho. Se você preferir, o capitalista se preocupa em repor a sua força de trabalho, ou seja, dar dinheiro para você comer e voltar a ter força para poder produzir. Então, o salário ou a remuneração ao trabalhador não é tradicionalmente dado por aquilo que ele produz, mas por aquilo que ele gasta de tempo ou força física para produzir.

Naturalmente, isso também, dentro da lógica capitalista, já foi em parte alterado, quando a remuneração do trabalhador aqui e agora passa a estar vinculada ao resultado final da sua produção – refiro-me à bonificação por metas, produtividade, participações no lucro etc. Quando Marx escreveu, em 1848, o trabalhador recebia dinheiro não por conta do que ele produzia, mas por conta da energia que ele gastava, então fundamentalmente ele recebia dinheiro para comer, ou seja, para se alimentar a fim de recuperar a sua força de trabalho.

Até agora, vimos que o trabalho implica uma atividade e uma atividade implica um certo gasto de energia. Eu gostaria de fazer mais uma observação importante, que é a seguinte: poderia ser dito que essa atividade desempenhada pelo trabalhador poderá ser mais ou menos alienada. É exatamente no trabalho que, pela primeira vez, vai aparecer com clareza o conceito de alienação.

Alienação no trabalho

O que significa, propriamente, a alienação?

A alienação consiste no fato de o trabalhador, em certas relações de produção, não poder ter plena consciência de todo o processo produtivo, de tal maneira que fica circunscrito ao segmento da sua atividade, sem conseguir dar conta de tudo o que acontece para transformar o objeto em produto. Qual é a imagem que salta à sua mente?

A imagem clara é o filme *Tempos Modernos* de Charles Chaplin. O sujeito limita-se a apertar dois parafusos. Aquela é a imagem clássica do conceito de alienação. No sistema capitalista, tudo contribui para que o trabalhador seja alienado do trabalho, isto é, para que a sua atividade seja de tal forma segmentada que ele não consiga perceber a totalidade do processo produtivo. Esta é a primeira ideia de alienação com a qual vamos trabalhar mais para frente.

Eis a questão da atividade. Tratemos, agora, daquilo que Marx considerava o ponto mais importante do trabalho: os meios de trabalho.

O que são os meios de trabalho?

Meio de trabalho é qualquer coisa que o trabalhador interponha entre ele e o objeto com vistas à produção. A ideia de um serrote, a ideia de um martelo, de uma furadeira, tudo que o trabalhador interpuser entre ele e o objeto com vistas à produção é meio de trabalho.

Aí você se espanta: se o trabalho tem três elementos que são objeto que vira produto, atividade que faz o objeto virar produto, e apenas o meio ou instrumento para fazer isso, por que este é o mais importante? Porque, dentro da perspectiva do materialismo histórico, dependendo do meio de produção que você tiver, você acabará desencadeando um tipo particular de relação entre o trabalhador, a sua atividade e o objeto a ser transformado. Em outras palavras, não é a mesma coisa você produzir alimento com um arado manual e produzir alimento com um arado puxado por um trator. O meio de produção determina o resto da produção, o meio de produção é o ponto nevrálgico que determinará o tipo de atividade a ser empregada e, mais do que isso, a quantidade de força de trabalho que deverá ser empregada para a produção, para a transformação de um objeto em produto.

O meio, na perspectiva marxista, do materialismo histórico, não é secundário; o meio é principal, é essencial, porque é graças à sua análise que se consegue entender o resto do processo produtivo, e, entendendo este último, eu entendo também de que maneira ele age sobre os elementos superestruturais de uma determinada sociedade.

E se eu quiser saber por que o padre Marcelo faz sucesso?

(Não pense "esse cara é obcecado pelo *Padre* Marcelo!".) É só um exemplo! Eu dou esse exemplo porque é um exemplo superestrutural auspicioso, porque o padre Marcelo está em três, quatro pontos superestruturais importantes.

O padre Marcelo é religião, é escola, é mídia, é literatura que você compra na livraria, é moral, é lição de vida, é a própria superestrutura, é ideologia, diz para você com um jeito cândido de falar, tudo ele ensina. Por que esse sujeito faz sucesso? Faz sucesso porque os meios de produção são o que são, porque o processo de trabalho é o que é, a economia é o que é.

Você olha e diz: "Eu não consigo enxergar a relação entre o padre Marcelo e o arado!". Então, é claro, eu me alegro que não consiga, porque isso só pode ser conseguido no fim do livro, e isso é o valor do livro. Por enquanto, você tem que acreditar, você tem que ter fé. O padre Marcelo torce para o arado porque sem o arado ele não faz sucesso. Essa é a ideia: eu preciso encontrar na infraestrutura as respostas da superestrutura.

Eu vou sistematizar para você, porque se você for ler o livro I de *O Capital*, é meio zoneado, não é uma leitura clara como a revista *Nova*, pois Marx escreve mal.

Retomando a reflexão até aqui: na infraestrutura encontra-se o processo de produção, que tem dois elementos, processo de trabalho e relações de produção. O processo de trabalho tem, por sua vez, três elementos: objeto, meio e atividade. Marx junta objeto e meio e chama-os de meios de produção. Atividade é, via de regra, chamada de trabalho. Portanto, meios de produção mais trabalho, mais as condições materiais da realização desse trabalho, mais as relações de produção, constituem a infraestrutura. Sobremaneira, ainda disse que no mundo capitalista a propriedade privada é o quadro material maiúsculo a partir do qual a produção é possível.

O motor da história

Avante, então. Em Marx, a história, sua dialética, seu motor, seu andamento é determinado pela desarmonia entre as forças de produção e as relações de produção.

Em outras palavras, o motor da história está na inadequação entre os processos produtivos e as condições materiais em que esses processos se dão. Se você preferir, o motor da evolução do capitalismo e da transformação do capitalismo na dialética da história está justamente no fato de que as relações de produção capitalista não são as mais convenientes para o pleno desenvolvimento da produção do sistema capitalista.

Se você preferir, se você quiser entender isso de maneira mais clara ainda, a maneira como a produção se dá, isto é, dentro da propriedade privada dos meios de produção e a maneira como a riqueza é distribuída, isso é, em grande medida, concentrada nas mãos dos proprietários, é incompatível, contraditória ao próprio processo de produção daquela sociedade. Complicado. O que, afinal, acontece?

Toda a lógica dos conflitos sociais tem por trás de si contradição. Então, se você quiser entender o MST (Movimento dos Trabalhadores sem Terra), ele é um movimento que busca um conflito porque busca uma transformação das relações de produção e porque entende que as relações de produção da sociedade contemporânea – essas mesmas baseadas em grandes latifúndios, em grandes propriedades de terra e na riqueza concentrada nas mãos de dois ou três – não são as mais adequadas para a melhor produção de bens, e, no caso do MST, para a melhor produção de alimentos.

O motor transformador da história está nessa imbricação complicada entre os processos de produção, que são transformações de objetos em produtos, e as relações de produção que são a propriedade e a distribuição de riqueza. É preciso perceber que a sociedade se estrutura em torno disso porque alguns grupos vão se aliar às relações de produção vigentes. São os grupos que pretendem conservá-las, isto é, conservar a propriedade privada dos meios de produção, os mecanismos de distribuição de dinheiro, de distribuição de bens.

Estes grupos constituem uma classe, a qual se poderia chamar conservadora das relações de produção; e há outra classe que é aquela que busca a revolução dessas relações, com vistas a uma adequação às novas forças produtivas, que poderia ser chamada de revolucionária ou subversiva.

Portanto, eu diria que existem duas maneiras de enxergar o motor da história. Na relação entre força e modelo de produção, e nas relações entre as classes sociais que estão por trás dessas relações de produção.

Se você não considerar o conflito na análise sociológica das relações entre as pessoas, materialista histórico você não é. Claro, o mundo corporativo está pleno de exemplos de mascaramento deste conflito: "somos todos amigos, todos irmãos, todos da mesma família, temos todos a mesma missão, vestimos a mesma camisa, fazemos churrasco juntos, fazemos até sexo entre nós, e portanto, obviamente, não estamos em conflito". Na verdade, o ambiente corporativo é, na maioria das vezes, extremamente desigual e injusto. Mas não digo isso como se eles fossem inerentemente maus ou coisa do gênero. O mundo inteiro é assim.

As causas invisíveis

Dentro da perspectiva do materialismo histórico, é óbvio que a luta de classes é o motor da história, e esta é uma frase que você deve anotar e imprimir em uma camiseta e ainda ir trabalhar com ela (só espero que você seja o dono do lugar onde você trabalha, senão, é possível que não seja bem interpretado). A luta de classes é o motor da história, mas – é claro – nem sempre a luta de classes é percebida. Eu iria mais longe: digo que ela raramente é percebida.

É por isso que a proposta materialista de explicação da história é uma proposta fascinante para uns e irritante para outros. Eu não sei se você já conversou com militantes de partidos de esquerda. Pode ser duro. Por que pode ser duro?

Porque o fulano está convencido de que há mistérios na lógica do funcionamento do universo que só ele entende, ou seja, ele trata você como ingênuo permanentemente. Você não entendeu que por trás do aparente tem o verdadeiro. E qual é o verdadeiro? A luta de classes.

"Mas, aparentemente, as pessoas se dão bem, convivem em harmonia!", dirá você. "Engano seu, ilusão sua!", retrucará o materialista histórico. Aquilo que não for luta de classe é ilusório e mentiroso. Esta característica do materialismo histórico torna as explicações materialistas fascinantes para quem as compartilha e irritantes para quem não tinha eventualmente estudado nada disso e não entendia nada do que é ilusório e do que não é ilusório, porque as pessoas "normais" acreditam no que veem, e o que o materialismo preconiza é que para tudo que você vê há uma explicação e há causas que você não vê.

Por exemplo, se o seu chefe lhe deu uma cesta de Natal – e eu trabalhei muito tempo em lugares por causa da cesta de Natal. Eu dizia: "O forte aqui é a cesta de Natal!". Juro que eu dizia! E o pior é que eu estava sendo sincero... Sobre a cesta de Natal, o que dizia para mim, um materialista histórico?

– Você é um trouxa, velho! Não se dá conta de que dentro desta cesta – junto com as iguarias finas – o que há é alienação, exploração do seu trabalho e dominação de classe?

Para os que batiam supermetas, convenções em Miami, Cancun, Barcelona. Com direito a hospedagem, pensão completa e alguns dólares para comprar o que quiser.

Mas será que você não se liga? Se estão lhe proporcionando tudo isso, imagina o que estão ganhando em cima do teu trabalho, xarope?

Estes exemplos, apresentados em tom de brincadeira, ajudam a entender que, para o materialismo histórico, as verdadeiras causas de tudo o que vemos acontecer no âmbito das iniciativas do homem não estão ao alcance de qualquer um. Por isso, continuam exercendo, junto a todos os que se dedicam a encontrá-las, grande fascínio. Também temos a favor disso o conceito de inconsciente da psicanálise e a filosofia de Nietzsche, com suas forças vitais, seus universos profundos e novos infinitos.

Chegamos a um ponto interessante destes devaneios. A luta de classes é o motor da história. Você entendeu o sentido desta afirmação, o porquê da luta de classes. Entendeu que os processos de produção não se encaixam mais com as relações de produção. Em especial com a propriedade privada dos meios desta produção. Em face deste impasse, alguns defendem a mudança das relações de produção, enquanto outros teimam em conservá-las. Estes agarram-se a princípios jurídicos e a garantias constitucionais para defender a conservação do *status quo*.

Em outras palavras, a classe dos defensores das relações vigentes de produção é composta pelos proprietários e seus herdeiros, bem como por capatazes e lacaios que se alimentam de algumas migalhas do sistema. São eles que lutam para conservar intacto o princípio da propriedade privada de que tanto se beneficiam.

Os efeitos das causas invisíveis

Esta é uma explicação típica da infraestrutura: nela há duas classes, classe A e classe B. A classe A quer a conservação das relações de produção, e a classe B, a subversão destas relações. A classe A é uma classe constituída por proprietários, e a classe B por não proprietários. O proprietário tem interesse nisso; o não proprietário tem o interesse contrário.

Existe, portanto, um conflito cuja existência depende diretamente das relações de produção. É esta luta de classe que, em Marx, é a causa última de todos os fenômenos superestruturais como a política, a educação, o direito, a moral, a mídia etc.

Assim, a título de exemplo, o que faz o direito? Protege a propriedade. Claro que aqui e acolá relativiza a crueza do seu papel superestrutural. Como os limites impostos ao direito de propriedade por sua função social. A espessura destas fissuras será tanto mais larga quanto maior a consciência da luta de classe dos chamados aplicadores do direito nesta ou naquela sociedade.

Ora, para o materialismo histórico, tanto a proteção da propriedade privada quanto a sua relativização encontram causalidade mais profunda na infraestrutura da sociedade, que se serve destes dispositivos legais. O direito, nesta perspectiva, não se explica por si. Não configura um império num império, mas estaria à mercê do que acontece fora dele, nos grotões da infraestrutura econômica, onde os proprietários e o direito de propriedade não passariam de um resultado provisório deste embate. Mais ou menos como no final do primeiro tempo, Alemanha 5 x 0 Brasil.

Mas tudo no direito faz crer no contrário disso: faz crer que os dispositivos legais obedecem a rigorosa lógica interna; seus processos e ritos foram cuidadosamente dispostos para conferir rigor à hierarquia de normas e equidade aos atos jurisdicionais; que o inferior está perfeitamente adequado ao superior de acordo com implacáveis controles de constitucionalidade. Para tanto os legisladores constituintes juraram com a mão posta sobre o texto da Carta Magna. E os ministros do supremo, devidamente togados, apresentam-se em espetáculos cada vez mais midiáticos, exibindo seu linguajar cifrado, suas cadências discursivas que transpiram sabedoria aparente e óbvia erudição.

Já no primeiro ano da faculdade, o aluno de Direito é convidado a ler alguns clássicos. Entre eles, obrigatoriamente, *A Teoria Pura do Direito*, de um certo Hans Kelsen. E, se o curso for sério, este Kelsen continuará sendo citado pelos cinco anos da formação do futuro aplicador do direito. Ora, o título da obra parece revelador. Afinal, o adjetivo "pura" deve fazer alusão a tudo que não seja estritamente jurídico. Higienizando, assim, todos os futuros agentes deste nobre campo de produção intelectual, de veleidades contaminadas por toda estrangeiridade impura.

É uma teoria segundo a qual o direito seria autônomo em relação ao resto porque seria constituído e estruturado por uma lógica interna completamente independente e blindada em relação ao resto da sociedade, da economia etc. É claro que o livro *A Teoria Pura do Direito* está desmentindo o fato de o direito ser impuro – isto é, ser o resultado da luta de classes, o resultado dos interesses em jogo na luta de classes.

Disso decorre que, se você quiser mudar de verdade o direito, isto é, redefinir mesmo o que podemos ou não fazer na sociedade – e não apenas reformá-lo dourando a pílula mas conservando os privilégios de sempre – incida sobre a relação de forças vigente na luta de classes. Retire de uma dessas classes a primazia de seus interesses. Considere nas normas jurídicas os reais interesses de quem não é proprietário.

O proprietário importante

A grande observação que cabe fazer aqui é que esse proprietário que pertence à classe A não é qualquer proprietário, mas é o proprietário de alguma propriedade que permite a produção. E quem é ele?

Não é o proprietário do produto, é o proprietário do meio. Por isso o meio é mais importante que o produto. Quem é o proprietário que defenderá a propriedade? Quem é o proprietário aferrado às relações de produção vigentes? Será o dono de um veículo? O dono de uma casa de veraneio? Ou de mais de um imóvel em locação? Certamente não. Estes, se estiverem com a bandeira da propriedade privada nas mãos, são apenas desavisados. Direita mortadela, como se diz.

Quem vai defender efetivamente e com razões claras a propriedade é o dono da fábrica do veículo. O dono da construtora das casas. O dono das máquinas que pavimentaram os caminhos. Só esses, aferrados às relações de produção baseadas na propriedade. Se tudo que você tem é uma casa em Ubatuba, ou um carro importado, Marx nunca se incomodou com você. Eu lamento, você não é o foco.

Portanto, o que importa não é a propriedade do produto, nem o dinheiro que você tem. O que importa é a propriedade do meio. É por isso que o grande critério que separa a classe A da classe B é a propriedade privada dos meios de produção. E quais são os meios de produção? São o objeto da produção e o instrumento para trabalhar.

São os que efetivamente produzem, mas que não são proprietários nem do objeto transformado nem do meio que transforma. Estes são os traba lhadores; são os caras da força de trabalho. Portanto, na luta de classes, você tem o cara dos meios de produção *versus* os caras da força de trabalho.

Eu, pessoalmente, participo do mundo pela minha força de trabalho. Pela energia que eu ponho no mundo trabalhando. Já outros participam do mundo porque são donos dos meios que permitem que eu trabalhe. Pela lógica da luta de classes, são eles contra mim. Só que, como eu, tem mais gente. Por isso é que, se nos uníssemos, acabaríamos com eles. Aperitivo do que poderíamos chamar da teoria das revoluções no materialismo histórico.

Os que vendem a força de trabalho receberam no materialismo histórico a alcunha de proletários, e aqueles que são proprietários dos meios de produção receberam a alcunha de burgueses. A luta de classes é o enfrentamento, no capitalismo, entre a burguesia e o proletariado.

Retomando a nossa inquietação, se eu quiser explicar o sucesso do padre Marcelo pela perspectiva do materialismo histórico, este resulta do embate entre burgueses defendendo a propriedade privada dos meios de produção e proletários buscando novas formas de relações de produção. Você olha para mim e diz: "Professor, se antes eu não tinha entendido, agora que eu não entendi mesmo!". Paciência, meu caro, paciência, minha cara.

Somos amigos?

O trabalho implica relações entre trabalhadores visando a um aparente objetivo comum, é a produção. Ora, havendo funções complementares para a sua execução, poderia se supor uma cooperação entre todos que participam deste processo.

Marx dirá que essa aparente complementaridade funcional acaba produzindo a ilusão de que todo o processo de produção é um processo entre pessoas que querem a mesma coisa, o que não é verdade. De fato, aqueles que efetivamente trabalham, aqueles que efetivamente agem sobre o objeto, agem sobre a natureza para fabricar o produto, estes cooperam ou pelo menos devem cooperar, podem cooperar.

Porém, o processo produtivo não é constituído só de trabalhadores, isto é, só daqueles que efetivamente agem sobre a natureza para produzir produtos. Ele também é constituído por agentes que produzem, mas que comandam as relações de produção. São os burgueses, que, sem produzir, têm interesses que não coincidem com os interesses dos trabalhadores.

A grande ilusão

A ilusão é imaginar que o meu patrão é meu camarada, é meu parceiro, é ele que segura a onda, ele que me deu uma oportunidade de crescer na vida.

Na perspectiva do materialismo histórico, o dono do meio de produção – aqui representado pela figura do patrão – não é meu time. É de outro time, mas terá todo o interesse em se apresentar como sendo do meu time desde criancinha. Fará isso para descaracterizar a perspectiva conflituosa que compreende a luta pela defesa das relações de produção como elas são e a luta pela subversão das relações de produção com vistas a um pleno desabrochar de todo o sistema econômico propriamente dito.

Consciência de classe

Se a luta de classe não é vista com clareza, isso é explicável porque os trabalhadores, bem como os donos dos meios de produção, não conseguem enxergar, dentro do processo produtivo, o abismo que os separa. É isso que vai receber o nome de consciência de classe ou, neste caso, falta de consciência de classe.

Por que existe falta de consciência de classe? Por que eu não me dou conta de que eu pertenço a uma determinada classe? O que significa isso?

O trabalhador não consegue entender, e o burguês tampouco, que as condições materiais de produção são inadequadas, que as relações de produção não são as melhores, que o trabalhador junto com outros trabalhadores precisam lutar pela mudança das relações de produção. Não consegue entender, sobretudo, que o dono dos meios de produção não tem interesse nisso. E, assim, o trabalhador não se sente membro de um grupo que não tem os mesmos interesses que o grupo dos proprietários.

Para o materialismo histórico, ambos são inconscientes de classe: da classe a que pertencem. A luta de classe permanece mascarada exatamente pela impossibilidade que têm os seus participantes de enxergar os contendores. As classes sociais. Tudo é feito para confundir grupos, bandeiras e interesses opostos, para que a sociedade não seja claramente dividida em proletários e burgueses, para acreditar na justiça da propriedade privada dos meios de produção e a distribuição de riqueza que ela enseja. Dentro dessa perspectiva, é normal que o trabalhador não se sinta proletário, e que o patrão não se sinta burguês.

A fascinação que o materialismo histórico exerceu sobre os intelectuais de todos os horizontes ideológicos ao longo do século XX é em grande medida explicada por esta suspeita. De que o que você vê, fenômenos sociais, só se deixam explicar por uma infraestrutura que você não vê, ao menos como causa, num primeiro momento.

A crítica à invisibilidade

O mundo segue seu percurso, as pessoas estão trabalhando, está tudo indo mais ou menos bem, e só o materialista histórico consegue enxergar as verdadeiras causas de o mundo ser como ele é. E, o que é pior, enxerga um mundo cheio de alienações, escravizações, dominações que nem mesmo quem participa dele consegue enxergar. Não seria um tanto exagerado pedir que você acreditasse nisso?

A essa crítica soma-se uma outra: se tudo é como só poderia ser, se o que vem à cabeça das pessoas é só o que poderia vir, e se somos todos alienados – porque as condições de produção da sociedade capitalista são alienantes –, se tudo é consequência das relações materiais que são o que são, se a minha aula nada mais é que um artifício de entretenimento da classe dominante para que ela se sinta menos mal, se tudo é o que é, por que cargas d'água eu tenho que aceitar que o materialismo histórico seja a verdade sobre tudo? Por que não aplicar ao materialismo histórico suas próprias premissas?

Neste caso, seríamos todos obrigados a aceitar que o pensamento de Marx e seus discípulos seria mais um subproduto de uma relação de forças entre classes, uma ideologia entre outras travestida de verdade científica, quando muito uma resistência proletária melhor orquestrada que desabrocha no campo da ciência com pretensão de explicar o mundo e sua história. Tudo não passaria então de um delírio. Tão delirante quanto qualquer outra afirmação desses alienados que a doutrina tanto denuncia.

Essa crítica é poderosíssima, porque o materialismo não abre nenhuma brecha para que o pensamento possa transcender a matéria, e, se o pensamento não pode transcender a matéria em nenhum momento, dizer que a luta de classes é o motor da história, obviamente, não pode querer significar uma verdade absoluta sobre a história, observada de algum nebuloso posto de investigação situado nas alturas e imune aos interesses do tal mundo da vida.

Devolver a luta de classe para a própria história, como mero resultado dela própria. Como interpretação sempre interessada, sempre estratégica, da história de um mundo que segue impávida o seu transcorrer. Sem lógicas. Sem leis. Sem explicações. Simples resultado da vida material daqueles que pensam a história sob a ótica materialista. Uma filosofia tão alienada da história por pretender a verdade tão absoluta quanto qualquer outra filosofia idealista que propõe um Deus, um mundo das ideias, uma transcendência suprassensível ou qualquer outra patacoada imaterial que explicaria tudo.

Resumindo, explicar o mundo material pela matéria e querer tirar daí uma verdade indiscutível e universal qualquer é desrespeitar a radical materialidade de um cientista enunciador, visceral e cheio de interesses. Pretensões de classe – porque não? – mas sobretudo pretensões específicas ao mundo da ciência. Neste mundo, agentes estão em luta feroz por troféus que lhe são específicos, Por legitimidade, reconhecimento, posições de poder, verbas para investigação etc.

"Professor, agora o senhor me angustiou de vez, porque eu já estava quase comprando essa coisa da burguesia contra o proletariado!" Pois é, mas eu sou obrigado a apresentar este poste na sua frente porque todo materialista deve enfrentá-lo. Ou você abre uma brecha para que a sua verdade absoluta caiba ou você é tão relativo quanto qualquer outra relativa proposta sobre o mundo.

Eu poderia perfeitamente dizer que o materialismo histórico é a proposta de Marx – supostamente explicativa da história – determinada pelas suas pulsões, desejos e aproximações físicas frustradas de apetecíveis moças burguesas. Provavelmente, porque ele não usava os perfumes que a burguesia costuma tolerar. Se disser que sou louco, tenho argumentos para me defender. Afinal, por que só alguns abençoados estariam blindados da influência que o mundo exerceu e exerce sobre suas células e ideias?

Se o materialismo se propuser a flutuar sobre o mundo dizendo "Aí embaixo tudo é como só poderia ser. Ou você, babaca, achava que era autônomo? Eu, olhando aqui de cima, percebo que está tudo igual a um formigueiro. Tudo é como só poderia ser. Inexorável. Necessário. Você é trouxa! Olha tudo aí de baixo e se crê autônomo. Imbecil! Agora eu, como estou aqui em cima, consigo enxergar a verdadeira causa das coisas sempre como elas são!".

Existe aí um problema que nós vamos tentar resolver até o fim do livro, senão você se sentiria lesado. Nesta luta de classes, meu amigo, burgueses e proletários enfrentam-se sem perceber. Poderíamos dizer que burgueses e proletários enfrentam-se raramente percebendo que estão fazendo isso. Quando burgueses e proletários enfrentam-se percebendo é porque eles têm consciência da classe a que pertencem. Isso é a condição de um processo revolucionário.

Portanto, a consciência de classe é condição da revolução. Enquanto a luta de classe for travada por inconscientes ou alienados, ela obviamente tenderá a conservar as relações de produção como ela são, porque, se ninguém faz nada, a tendência é que, mesmo inconscientemente, o burguês lute para garantir seus interesses, já que, sabendo ou não, é isso o que ele faz, naturalmente, quase que por instinto.

Mas quando a luta de classe for travada com consciência de classe, é possível que o proletariado faça triunfar a sua superioridade numérica e material e dê um pau na burguesia com todos os recursos que a burguesia tem, todos os aparelhos de defesa de si mesmo que costuma usar para se garantir, quando as ideologias dão chabu e não cumprem seu papel. Mas esse uso da força é quase sempre excepcional. A violência na sociedade é dispersa e raramente tem organização classista. Veremos por que em algum outro devaneio.

Terceiro Devaneio – Relações de produção

Retomada

Toda a nossa análise faz alusão a uma organização da sociedade em dois níveis: de um lado, uma infraestrutura econômica, de outro, uma superestrutura ideológica. Este modelo mental – inspirado numa metáfora da engenharia civil – será muito importante para todas as análises feitas ao longo da trajetória deste livro.

Os elementos superestruturais – como a moral, o direito, a mídia, a política partidária, a educação, a cultura, a religião, a internet – são fenômenos que Marx estudou em relação à infraestrutura, à produção de bens.

É evidente que estes devaneios são a minha leitura e não têm a menor pretensão de transcender a sua condição. São o pensamento tributário da vida de seu enunciador, que se renova, se modifica, se multiplica, se transforma, sem a arrogância universalista de alguns, que se creem detentores de conhecimentos e imutáveis. Não é este o meu caso. Examino o mundo com minhas lentes e vísceras. Interpretação interpretável por outras lentes e vísceras. Sei que isto é algo no lugar do nada, passível de todo tipo de transformação, crítica, discordância.

Mas, enfim, Marx diz, no popular: dize-me como produzes teus bens e eu te direi a ideologia que professas. Esta é a relação geral entre a infraestrutura e a superestrutura. Nesta produção de bens, destaco um dos seus principais elementos: o processo de trabalho. Este leva necessariamente ao surgimento de dois grupos sociais distintos que têm que se relacionar para produzir bens: burgueses, donos dos meios de produção, e proletários, que vendem o que têm: a força de trabalho. As relações de produção são as relações entre estas duas classes, com vistas à transformação de um objeto em um produto. Estes são os elementos materiais a partir dos quais toda a superestrutura é explicada.

O materialismo é uma proposta de reflexão filosófica segundo a qual tudo o que existe tem uma causa material. Por isso, estamos agora estudando as causas materiais dessas manifestações ideológicas em que, por exemplo, a revista *Veja*, Joaquim Barbosa e politicamente correto se encontram.

Relações técnicas e relações sociais

As relações de produção podem ser categorizadas em relações técnicas de produção e relações sociais de produção. Assim explica Marx no livro III de *O Capital*.

É muito fácil entender um processo produtivo individual: um indivíduo singular manipula um certo instrumento de trabalho e, sozinho, age sobre um pedaço de matéria, seja ela bruta ou prima. Fazendo isso, ele a transforma em produto. É o que costumamos chamar de artesanato. O artesão controla um instrumental e, a partir desse domínio, detém o controle de todo o processo produtivo.

Esta forma de produzir bens materiais, você concordará, não é, nem de longe, a mais significativa no mundo contemporâneo. Hoje, a produção implica, quase sempre, a participação de mais gente. Trata-se de um trabalho coletivo e não mais individual. Ao pensar neste tipo de trabalho, vem à mente que a participação de todas essas pessoas é necessária para produzir um certo bem. Beabá de trabalho em equipe.

Mas não é só isso. Este trabalho não é circunstancialmente coletivo. Como no caso de um artesão convidar outro, para trabalharem juntos dividindo locais, despesas e instrumental. Neste caso, haverá diálogo, menos gastos, e cada qual fará isoladamente seu trabalho; não há trabalho coletivo.

Para haver coletividade, é preciso que o trabalho pressuponha cooperação, e que esta seja necessária para a produção do bem. A palavra cooperação é muito presente no jargão marxista.

Uma situação de cooperação que Marx chamaria de simples é a seguinte: muitas pessoas são necessárias para produzir aquele bem. Mas, nesse processo produtivo específico, todas elas fazem a mesma coisa. É o caso de um grupo de agricultores: todos eles são necessários, mas todos fazem o mesmo trabalho.

Neste caso, um único trabalhador tem toda a noção, a consciência e o domínio de todo o processo produtivo. Mas o seu trabalho não basta. É preciso de mais gente fazendo a mesma coisa.

Falamos do artesanato e da cooperação simples. Mas, de certa forma, ainda não chegamos lá. Afinal, nem um nem outro são muito recorrentes na produção capitalista propriamente dita.

A cooperação complexa é o nosso próximo degrau. Ela difere dos dois primeiros casos. Nem individual nem cooperação simples. Os trabalhadores em cooperação não fazem todos a mesma coisa. Cada qual é responsável por uma parte do trabalho. Quando cada um faz uma parte, todos perdem a noção do todo, a consciência da totalidade do processo produtivo. O trabalhador só tem consciência daquela parte que lhe é destinada. E perde, junto com a consciência, o domínio do processo produtivo.

Marx chega a dizer que não é possível entender nada do capitalismo sem entender que, em determinado momento da evolução dos processos produtivos, o trabalhador perde o pé, o controle do conjunto. Neste momento, torna-se alienado do processo produtivo.

Por isso, para que a cooperação complexa possa ser possível, é preciso um segundo tipo de trabalhador, que não aja diretamente sobre a matéria-prima, na transformação da natureza em produto. Esse trabalhador (doravante nomeado de tipo B) é garantidor da harmonia entre os processos de trabalho dos outros trabalhadores que poem a mão na massa (doravante nomeados de tipo A), que agem diretamente sobre a matéria produzindo produtos.

Sistematizando: nesta divisão técnica do trabalho, temos dois tipos de processo de trabalho e de trabalhador. O trabalhador direto, que transforma a matéria-prima em produto, e o trabalhador não direto, que tem como objeto o trabalho do outro e não a matéria. Este trabalhador tem por objetivo a harmonia entre os processos parciais e segmentados de trabalho. Portanto existe para garantir o encadeamento lógico e funcional entre as partes dos processos produtivos.

De acordo com Marx, este trabalhador tipo B também não tem a noção do todo, e não tem a consciência de todo o processo produtivo, porque ele está distante do operacional, ou seja, está distante da transformação da matéria em produto. Assim, embora ele seja responsável pela harmonia do todo, ele não tem a consciência de tudo que é preciso fazer para chegar, da matéria, ao produto. Ele não arregaça as mangas. Estamos, portanto, longe da consciência de processo produtivo do artesão e do trabalhador em colaboração simples.

Ora, na colaboração complexa, os trabalhadores de tipo A não têm consciência do todo porque fazem apenas uma parte do trabalho. E os de tipo B tampouco tem consciência porque se limitam a harmonizar o trabalho dos outros sem saber como executá-lo. Vejam que interessante. Neste momento. Ninguém mais tem consciência do todo da produção. Em outras palavras, num certo estágio do sistema capitalista, todos os trabalhadores perdem a consciência do processo produtivo. Surge aí o conceito de trabalho coletivo.

O trabalhador de carne e osso perde a consciência do processo produtivo, em nome de um trabalho coletivo. Ninguém sozinho, isoladamente, ninguém como pessoa, controla o trabalho coletivo. Este se despersonaliza, desencarna, transcende a individualidade do trabalhador braçal. O processo produtivo se tornou alguma coisa inabordável ao comum dos mortais dos trabalhadores.

Quanto mais evoluída a sociedade em termos de economia capitalista, mais segmentado e especializado é o trabalho, mais hierarquizados são os trabalhadores não diretos, e cada vez menos se tem consciência da totalidade do processo produtivo.

Dizendo de outra forma, a consciência de todo o processo produtivo caminha em direção oposta à do desenvolvimento do capitalismo. Quanto mais desenvolvido o sistema, menos cada um tem noção de como as coisas são produzidas.

Além desta divisão técnica do trabalho – entre artesanato, cooperação simples e cooperação complexa –, existe uma outra forma de caracterizar as relações de produção, que nós poderíamos chamar de relações sociais de produção, e aqui esbarramos na propriedade privada dos meios de produção.

Para produzir bens na sociedade capitalista, é preciso que participe da produção quem não é proprietário dos meios de produção. O burguês precisa do proletário. E eles têm que se relacionar.

Essa relação, do ponto de vista técnico, pode se configurar de várias maneiras: na primeira delas, o proprietário pode ser ele mesmo um trabalhador direto. É o caso dos sistemas mais rudimentares: ele é tudo, ele faz tudo. O artesão, por exemplo. Uma segunda configuração mais evoluída nos é mais familiar: o proprietário dos meios de produção é um trabalhador não direto, responsável por garantir a harmonia entre as partes do processo produtivo. Assim, o burguês é também o administrador, o que é muito comum em empresas ditas familiares. Neste caso, o proprietário do meio de produção também não detém o controle e o domínio total do processo produtivo.

O terceiro caso ocorre quando o proprietário do meio de produção não é nem trabalhador direto e nem trabalhador indireto. Nas palavras de Marx, é um não trabalhador. Aquele que não faz nada: não põe a mão na massa e não garante a harmonia. Ele é só o dono. Vive do trabalho do outro cem por cento do tempo. Participa do processo produtivo sem trabalhar propriamente. Playboy, se for boa pinta. Socialite se for mulher. Coxinha ou herdeiro se não for playboy nem mulher. É o caso das empresas de gestão profissional, comandadas por CEOs, VPs, e outras letras. O proprietário, quando muito, participa de uma enfadonha reunião mensal de um tal conselho de administração, onde é informado por seus diplomados serviçais, por intermédio de sofisticadas ferramentas de apresentação, a quantas anda a curva ascendente de seu patrimônio.

Mas este dono do capital está ainda mais longe do processo produtivo. Podemos propor até uma espécie de regra: quanto mais desenvolvida a sociedade capitalista, mais o dono do meio de produção está afastado do processo produtivo. Menos tem noção concreta do que acontece para que a matéria se converta em produto. Menos sabe como e por que a grana cai na conta dele.

A lição de Marx fica clara: é em função da relação com o meio de produção que serão tecidas as relações entre as pessoas. Isso é muito importante, porque é por eu ser dono do meio de produção que eu me relaciono com você de uma forma. E é por você não ser dono do meio de produção que você se relaciona comigo de outra forma. É por conta da proximidade com o dono do meio de produção que você manda em outro. Em outras palavras: "Diga-me qual é a posição que você ocupa em relação ao meio de produção e ao seu dono, que eu lhe direi o poder e o tipo de relação que você tem com o resto dos trabalhadores".

Eu não posso prescindir da análise do meio de produção e da sua propriedade para estudar as relações sociais de produção dentro de um determinado contexto. Dentro dessa perspectiva da relação entre proprietários e não proprietários, da relação entre classes, portanto, podemos estudar dois tipos de relação, que Marx apresenta ainda no livro III de *O Capital*: aquela entre explorados e não explorados e aquela entre cooperadores.

Explorados, não explorados, cooperadores

A primeira grande relação de exploração em torno do trabalho é a escravidão. Nesta, o dono do meio de produção é também dono do trabalho e do trabalhador, que é o escravo.

Na época da escravidão, o dono do meio de produção podia não ter a menor noção do processo produtivo, e não precisava disso porque quem a tinha pertencia a ele, era como se fosse sua extensão. O fazendeiro, por exemplo, podia não saber como se planta uma muda de café. Essa é a forma mais primitiva de exploração do trabalho.

A segunda forma é a servidão. Nesta, o dono do meio de produção possui também a produção. Subimos um degrau: O proprietário é dono da atividade do servo, mas não do servo propriamente. Houve um pequeno ganho. O servo tem liberdade de ir e vir. No feudalismo, por exemplo, parte do trabalho da semana era destinado ao senhor, e só um pedacinho era destinado ao próprio servo e à sua família para a sobrevivência.

A terceira forma de exploração é a do trabalho assalariado. O dono do meio de produção continua possuindo os meios e a produção. Disso não dá para escapar. Mas ele só se torna dono do trabalho porque o trabalhador *vende* o trabalho. Burguês é o nome genérico do comprador da força de trabalho. O vendedor, proletário, vende seu trabalho, mas pode não vender, se não quiser. Neste último tipo de exploração, o proprietário é comprador da força de trabalho, da energia disponibilizada para o trabalho. Só assim ele se torna proprietário do trabalho. Essa terceira forma de relação entre o burguês e o trabalhador é, portanto, diferente da escravidão e da servidão.

Nos três casos, no entanto, há exploração. Marx dirá que ela só deixará de existir quando não houver propriedade privada dos meios de produção. Em outro momento de sua extensa produção, Marx dirá como se deve chegar a este ponto, mas essa análise não nos interessa para o propósito de nossos devaneios. Serão os dele. Estamos divagando sobre o Marx cientista e não sobre o Marx apologético de outra sociedade. O que nos interessa é a sua análise do sistema capitalista.

O mercado do trabalho

Devaneios são repetitivos às vezes. Não temos nenhum pudor em assumir essa faceta. Afinal, precisamos também nos convencer de algumas certezas. Na análise de Marx, o sistema capitalista funda-se na propriedade privada dos meios de produção. Chegamos ao ponto em que burgueses compram força de trabalho e proletários podem se recusar a vende-la se não lhes apetecer.

Com isso em mente, você tende a imaginar uma situação juridicamente equilibrada, uma simples relação de compra e venda, como reza a teoria dos contratos, em que um quer comprar, e o outro quer vender, havendo igualdade de condições para decidir a compra de um lado e a venda do outro lado.

Toda a astúcia marxista está em mostrar que essa venda não se dá em condições contratuais equilibradas, como apregoa o liberalismo. Em uma transação dessas, de compra de trabalho, o proprietário do meio de produção dirá que ofereceu uma vaga e, livremente, os interessados aceitaram. Essa perspectiva não é a marxista. Para Marx, as condições concretas de trabalho não são exatamente as da livre escolha. Por quê?

Antes de mais nada, a força de trabalho no sistema capitalista tende a ser abundante em relação às possibilidades materiais da sua venda. É por isso que pais preocupam-se tanto com a formação – cada vez mais longa e complexa – de seus filhos, para permitir que estes alcancem uma posição de maior raridade de oferta.

As condições de venda da força de trabalho são tais que, de um lado, existe a sobra da oferta e, de outro, uma escassez da demanda pela força de trabalho. O vendedor da própria força de trabalho fica em condição de inferioridade material em relação ao comprador. E isso não vale só para operário de fábrica. Vale também para empresas de todo tipo, agências de publicidade, escritórios de advocacia, redações de jornal ou o que você quiser. Até para ser professor em alguma escola privada. A mão de obra é abundante. Não há processo seletivo com um candidato apenas.

Essa situação factual faz com que a força de trabalho seja valorada cada vez a menor preço. Há muita gente disposta a trabalhar e pouca gente disposta a comprar. Desta forma, esse que compra pode pagar sempre progressivamente menos do que pagaria se houvesse menos oferta de trabalho. A força de trabalho poderá ser melhor vendida, quanto mais rara for a competência.

Marx constata que a grande massa proletária tem uma competência muito semelhante, com formação também semelhante. Tendo todos mais ou menos a mesma coisa para oferecer. Aqueles que, por ventura, apresentem alguma distinção competitiva encontram-se em número insignificante. Estes, de fato, poderiam negociar melhor a venda da sua força de trabalho, mas seu número reduzido torna impossível qualquer articulação classista.

Quanto mais eu tiver condições de agrupar grandes números, menos eu tenho condições de lutar por melhores condições de trabalho; ao contrário, quanto mais eu subir na negociação, quanto mais eu tiver uma oferta qualificada de trabalho, menos gente compete comigo, e mais eu tenderei a brigar pelo meu interesse isolado e não pelo da categoria, da classe, do coletivo e do grupo.

Outra constatação importante é que o dono, além de deter o poder de compra, determina as condições materiais da *venda* da força de trabalho. Desta forma, controla como, onde, quando, por que e com que frequência o trabalho poderá ser vendido. As condições materiais da venda, para além da remuneração, são raramente passíveis de negociação.

Elas são todas definidas pelo proprietário do meio de produção de forma quase sempre exclusiva, de tal maneira que a adesão ao sistema quase sempre se traduz em um "sim" comedido e conformado do candidato ao emprego. Já viu pessoa na entrevista de emprego questionar algo? Ela já é até treinada para só responder. Está tudo dado. Considere-se sortudo se aceitarem o seu "sim" acrítico!

O "não" é sempre pouco provável porque no sistema capitalista a sobrevida pressupõe a venda a algum proprietário do meio de produção, razão pela qual ou eu me submeto a A ou eu me submeto a B. Esta é a escolha. Da exploração você não pode fugir. O burguês é o dono da bola, da quadra e ele também é o juiz. Mais do que isso, o dono dos meios de produção também define as condições de prosseguimento do trabalho e as condições em que efetivamente ele será realizado. O burguês é também o dono do cronômetro e do placar.

Marx dirá que, para isso, o direito servirá como extraordinário cosmético para disfarçar a exploração. O direito do trabalho será apresentado como um conjunto de garantias que permitiram ao trabalhador melhores condições, mas este direito tem uma função desarticuladora do processo revolucionário. Os direitos trabalhistas, enquanto apaziguadores de ânimos, funcionam também para desarticular os movimentos realmente revolucionários de reversão de todo o processo, de aniquilamento de todo o capitalismo, em nome de novas relações concretas de produção. A burguesia dota-se de paliativos para poder disfarçar a verdadeira índole do sistema, que é de exploração do trabalho. De outra forma, não há lucro possível.

Quanto vale ou é por quilo?

Dissemos que o comprador da força de trabalho determina as condições pelas quais ela será explorada. Vejamos uma das mais importantes consequências disso. Dentro da perspectiva do controle do trabalho, existe uma diferença entre o que o trabalhador recebe como pagamento e o resultado final do seu trabalho. Essa diferença é o que permite o lucro do burguês. Ela recebe o simpático nome de mais-valia.

A mais-valia, portanto, é a distância quantitativa entre o que o trabalho vale no processo produtivo e o que o trabalho merece como remuneração concreta por parte dos donos dos meios de produção. Você só entende a mais-valia se percorrer cada um desses degraus que explicamos até agora, até chegar a este último, ou seja, é porque o burguês controla tudo que ele pode explorar.

Já imaginou levar cinco carros da concessionária e pagar só por um? Pois é, você não faz isso porque não tem controle dos meios de produção, porque seria muito natural que você construísse cinco e recebesse o dinheiro equivalente a um apenas. E olha que o exemplo é generoso!

No mundo do trabalho, você produz milhões em valor e recebe uma geladeira de bônus, ou um fim de semana num *camping*, e ainda tem que levar a própria barraca. Então, você perguntará: o trabalhador não percebe, não se dá conta, não consegue avaliar a relação de exploração que caracteriza o seu ingresso no processo produtivo?

Para responder a essa pergunta Marx oferece uma de suas principais teses. É porque o trabalhador não tem como ter consciência e domínio do processo produtivo que ele também não tem domínio e consciência dos mecanismos de exploração do seu trabalho. Assim, o trabalhador, não tendo controle do começo ao fim, como tem o artesão, porque só participa da produção de parte da coisa, não sabe bem o tamanho do todo, não tem condição de avaliar o todo; é por isso que ele não se sente explorado.

Entendemos melhor, agora, por que a sociedade capitalista será tanto mais desenvolvida quanto menor for a consciência, do trabalhador, acerca da sua própria exploração do trabalho. Assim, o aperfeiçoamento do capitalismo passa pela falta de consciência do trabalhador. Da sua própria exploração. Contrariamente, um contingente de trabalhadores plenamente consciente da produção e do trabalho emperraria o sistema.

Essa diferença, chamada de mais-valia, denuncia o prejuízo do trabalhador e, consequentemente, o lucro do proprietário. É daí que sai grande parte do dinheiro que cai na conta do patrão: da diferença do que ele pagou para fazer o produto e do que ele conseguiu pela sua venda. Mas isso não vale só para produtos. Atualizando a reflexão, você pode pensar nos espaços capitalistas de prestação de serviços.

Uma escola, por exemplo, tem um dono, tem professores e tem o aluno, que entra como uma barata tonta. A escola pega o aluno vazio e age sobre o aluno de maneira a transformá-lo em alguma coisa, presumivelmente melhor do que ele era antes. Há um valor no trabalho do professor e há também o valor pago pelo trabalho do professor, que tende a zero. Nas despesas de uma escola, o valor dos salários dos professores é um item desprezível comparado com os outros gastos.

Se o professor não se submeter, outro se submete. E ele não precisa ser melhor ou pior, apenas mais desesperado. E, ainda assim, com tudo jogando contra, você há de se lembrar daquele seu professor que lhe ensinou coisas que você nunca mais esqueceu e que foram fundamentais para toda a sua vida. Mas isso fica na conta do amor pela docência mesmo. Nenhum patrão pagará o professor por este efeito do seu trabalho.

Você poderia pensar que essas injustiças são do sistema capitalista, que é asqueroso, que tudo isso é culpa da ganância e que felizmente temos instituições superiores e preocupadas com o bem geral, entre elas o Estado e a mídia, mas você erra. Veremos por quê.

A mídia capitalista

De acordo com o paradigma marxista, qual o papel da mídia na sociedade capitalista? Questão atualíssima.

As notícias veiculadas em um jornal, por exemplo, noticiam fatos. Mas nem todos os fatos são, por sua vez, notícia. Existe um trabalho seletivo. Não há espaço no jornal para todos os fatos, a realidade não se deixa noticiar como um todo. É preciso um critério de seleção. Evidentemente, o critério do jornalista para escolher o que se tornará notícia não é o mesmo que uma pessoa escolheria para noticiar a sua vida. A seleção atende a critérios específicos.

O jornalista noticia o que aconteceu de mais *importante* porque existem para ele fatos que valem mais do que outros. Ora, de acordo com o materialismo histórico, o critério que o jornalista usa para transformar fatos em notícias é o da dominação de classe.

Só que ele não dirá isso por uma razão muito simples: ele não sabe. Se soubesse, provavelmente não suportaria desempenhar a sua profissão. Ele precisa estar convencido de que o que ele noticia é, de fato, o mais relevante para aquela sociedade. Se o jornalista se convencer de que ele não passa de uma ferramenta de uma máquina de exploração, evidentemente trabalhará com um pouco mais de tristeza e menos convencido de seu sacerdócio.

A conversão de fato em notícia obedece a um critério chamado de noticiabilidade. Um critério de classe, definido pela mídia burguesa, para seguir jargão de campanha dos partidos de esquerda. Em Marx, a mídia é superestrutura e existe para atender aos interesses da burguesia. Na luta de classes entre burgueses e proletários, a mídia desempenha um papel fundamental, porque dificulta e até mesmo impede algum tipo de consciência de classe.

A mídia atende aos interesses da burguesia não é porque oferece produtos do gosto desta. Pelo contrário, o interesse que a burguesia poderia ter na mídia – se tivesse consciência de classe – não é o próprio divertimento, mas é o divertimento da classe adversária.

Graças aos meios de comunicação, a burguesia consegue fazer compartilhar um certo número de crenças, convicções, ideias sobre o mundo, sobre o homem e seus valores, sobre condutas legítimas, o certo e o errado, sobre relações, organizações, instituições etc. Graças à mídia, todos compartilhamos quem merece ser idolatrado e quem merece ser execrado. Definimos, assim, um bode expiatório.

Simbolicamente, sobre seus ombros são depositadas todas as mazelas, injustiças, males que a sociedade patrocina. A execração e o sangramento desse bode expiatório fazem desviar a atenção da complexidade dos processos de dominação e exploração. O coletivo destila assim, gota a gota, o ritual da execração. E, desta forma, purifica-se o ar, higieniza-se, porque todos aceitam e acreditam que a degradação está toda ali, tudo de ruim está ali, todo o mal está ali, toda a corrupção, toda a mazela, toda a exploração, toda a iniquidade. Isso garante a purificação do resto.

De tempos em tempos um profissional da política é designado como bode expiatório em nossa sociedade. Isso nos faz crer que o resto é apenas indignação e denúncia, que no setor privado não há corrupção, nepotismo, inequidade, privilégios, enriquecimento ilícito etc. Este é até um dos grandes argumentos dos privatistas. A mídia, escândalo a escândalo, vai fazendo crer que tudo de ruim está no setor público. Dessa forma, você simbolicamente opera uma concentração dos malfeitos que, de fato, estão espalhados.

Como não está tudo limpo, a sujeira começa a aparecer aqui e ali de novo, até que um novo bode expiatório seja escolhido. Nesse ponto, você percebe que a mídia exerce um papel ideológico. Quantas matérias de contratos e relações espúrias no mundo privado você vê diariamente? Você só vai ver depois que a empresa for condenada, e ainda assim é notinha. Mas um escândalo no setor público, deste você raramente vê a sentença, e o escrutínio é impiedoso, durante muito tempo, ainda nas fases de denúncia.

O poder sem resistência

É fácil perceber que um grupo domine o outro grupo pela força física. A literatura é cheia de exemplos, e as guerras são muito esclarecedoras desse ponto. A história da humanidade pode ser estudada pela história de uma dominação física: o mais forte é o chefe, é o dominante.

Mas é fácil perceber que essa forma de dominação é frágil, porque o uso da força física requer uma supremacia permanente que é custosa. Isso nos faz pensar num tipo particular de dominação que dispensa o uso da força física o dominado não se rebela. Porque tem pouca consciência da mesma.

Dia após dia, os proletários deste país levantam-se para trabalhar e talvez você não se lembre de memória da última vez em que os proletários se reuniram para enfrentar os seus patrões fisicamente. Isso porque existe uma situação ideológica tal que os donos dos meios de produção e os vendedores da força de trabalho muito mais concordam do que discordam. Quando os dois falam do gol do Ronaldo, comentam o fim da novela, a queda de um avião, os dois compartilham uma certa hierarquia acerca do que importa e do que não importa.

E não estranham quando os jornais gastam páginas e páginas para falar da queda do avião da Air France porque morreram pessoas que importam. Se no fim de semana em São Paulo morre número equivalente de pessoas assassinadas na periferia, não vão merecer a atenção da mídia porque é outro tipo de gente que morreu. Até mesmo a morte tem um valor midiático, dependendo do valor social em vida.

O proletário é incapaz de enxergar isso, pelos motivos que vimos neste capítulo, e é, consequentemente, o primeiro a concordar com isso e defender o mundo como ele lhe é apresentado. É muito fácil encontrar no proletário um discurso altamente reacionário – e agora até com apelido: *direita mortadela*. E isso é resultado de sua alienação do processo de produção e de sua dominação ideológica.

Quando a dominação é ideológica, não há condição propícia para o conflito, porque ela fomenta a concordância, um certo entendimento, uma certeza de que pensamos parecido. O proletário pensa igual aos donos dos meios de produção porque existem instâncias garantidoras desse compartilhamento, instâncias produtoras e difusoras de ideologia. A escola e a religião faziam esse papel com primazia, e hoje elas tiveram que entrar na mídia para poder assegurar alguma legitimidade.

O professor Paulo Freire sugere um método de alfabetização de adultos que seja conscientizador de classe. Você aprende a escrever e, ao mesmo tempo, aprende que pertence a uma classe que, por alguma razão, foi impossibilitada do acesso à alfabetização. A consciência de classe, o único antídoto contra essa dominação, pressupõe uma revolução ideológica e não física, material. Para que haja qualquer tipo de revolução, é preciso que o proletário desate o nó da ideologia, ou seja, perceba que o programa *A Grande Família* mostra uma família de classe média, a mais resistente à mudança, a mais apegada aos seus pequenos ganhos. O personagem principal, Lineu, é homem honesto mas porta-voz de uma moral conservadora, reacionária, ortodoxa e garantidora de que as coisas continuem rigorosamente como têm que ser.

A mídia revolucionária teria que ser o oposto do que ela é. E este é o instrumento que acabou por condenar Marx ao seu maior erro. Ele vislumbrava a revolução por um caminho simples, matemático. No capitalismo, o capital se concentra. Os meios de produção vão para as mãos de cada vez menos gente. Portanto, quem era burguês vira proletário, e o proletariado incha e empobrece. Já a burguesia míngua e se enriquece, sem parar.

Mas chegaria uma hora em que a burguesia poderia controlar o exército, a polícia, o Corpo de Bombeiros, os *aliens* e o que mais ela quisesse sem sucesso: o proletariado seria tão numeroso que acabaria com a burguesia de qualquer jeito.

Isso não aconteceu em lugar nenhum, e não é porque a burguesia se precaveu e assegurou com pesados investimentos uma supremacia física. É porque raramente ela precisa bater. Suas verdadeiras armas são de natureza simbólica, ideológica. A mídia foi um ótimo exemplo para perceber que um pensador marxista não analisa a mídia pela mídia, mas a partir da luta de classe. E tudo o que você vê na mídia não é esclarecedor, é mascarador, ocultador, dissimulador do que verdadeiramente importa. Como toda superestrutura, no lugar de esclarecer, de mostrar e exibir com transparência o que é a sociedade, ao contrário, esconde. No lugar da transparência, a opacidade, no lugar da clareza, a cosmética.

O direito, retomando o materialismo histórico, quando garante a igualdade de todos perante a lei, mente; a mídia, quando garante a democracia ao seu acesso, mente; a educação, quando garante igualdade a todos, mente. Toda a superestrutura mente, e mente porque faz o seu papel de esconder as verdadeiras mazelas do sistema e impedir com isso uma sadia e justa transformação da sociedade através das mudanças das suas relações de produção, para que sejam mais equilibradas e justas, para que ajudem na construção de um outro mundo social.

Quarto Devaneio - Alienação

Retomada

No materialismo, a matéria é sempre determinada pela matéria. Dentro dessa perspectiva, o trabalho do pensador materialista é um trabalho de identificação de causas materiais. Quando o pensador materialista se interessa pelas coisas da sociedade, é possível fazer uma ciência materialista da história, que é o materialismo histórico.

Dentro desse materialismo histórico, estamos investigando de onde vêm as coisas que nós encontramos no mundo social. Naturalmente, mostramos que tudo o que encontramos neste mundo tem que ser explicado pela própria matéria da sociedade.

Portanto, chegamos ao ponto de encontrar uma primeira premissa do materialismo histórico: a produção de bens materiais é uma referência obrigatória para entender todo o resto, que é a mídia, o direito, a moral, a religião etc. Percebemos a existência de uma relação de causalidade, que parte da produção de bens, a qual tem certas características que são determinantes do resto da sociedade. Assim, quanto melhor eu conhecer a maneira como a sociedade produz bens materiais, melhor eu vou conhecer o resto, a superestrutura.

É impossível discutir o pensamento dominante em uma sociedade, ou entender por que Platão teve tanto sucesso, sem entender a produção de bens materiais na sua época. Dada certa materialidade social e histórica, até mesmo a filosofia surgiu como só poderia surgir. Não há milagre nenhum, nem no surgimento da filosofia, nem em nenhum outro fenômeno social. Tudo é explicável pela sua infraestrutura econômica. No caso do capitalismo, existem dois grupos, fundamentalmente: os que são proprietários dos meios de produção - que pertencem a uma classe - e os que não são proprietários dos meios de produção, que pertencem a outra classe. O relacionamento entre as classes é marcado pelo conflito, e essa luta é fundamental para entender o resto, que nada mais é que um jogo de cena, um espetáculo que esconde a luta de classe em nome do interesse da classe dominante.

Outro aspecto é que, na infraestrutura capitalista ou em qualquer outra infraestrutura, existem as forças de produção (a matéria-prima, mão de obra, trabalho etc.) e as relações de produção, que são as maneiras como essas forças se articulam.

A revolução é uma maneira pela qual as forças de produção podem mudar as relações de produção, para que elas se tornem mais adequadas aos seus interesses.

Há, na superestrutura da sociedade capitalista, no entanto, uma série de mecanismos ideológicos que fazem arrefecer os ânimos de classe, ou mesmo contribuir para a aniquilação da consciência do conflito. Dentre as superestruturas, a que Marx mais apontou como exemplo é a religião. A religião está presente em todos os seus textos. Vejamos um pouco do que ele disse.

Marx e a religião

A primeira observação para entender o pensamento sobre a religião em Marx é entender o quanto esse pensamento é vítima do seu tempo, inscrito no seu momento histórico. Só é possível pensar as reflexões de Marx sobre a religião a partir da obra de Feuerbach, *A essência do cristianismo*.

Feuerbach propõe, antes de Nietzsche, antes de quase todo mundo, que Deus não é o criador. Somos nós os criadores, e Deus, a criatura. Mas, sobretudo, em segundo lugar, propõe que Deus é uma projeção das nossas idealidades, das nossas essências imaginadas. Ele é a ideia de Homem projetada em uma transcendência.

Marx trabalha a partir desta ideia de Feuerbach: é o homem que inventou Deus, e o fez em grande medida porque precisou. É uma necessidade que determinou ao homem inventar Deus. E esse homem que inventou Deus não é um homem teórico, é um homem de carne e osso que tem necessidades de carne e osso, decorrentes da sua vida em sociedade, do seu pertencimento, das suas relações sociais e assim por diante.

Feuerbach aponta a importância de uma sociologia da religião para investigar as causas da necessidade da criação de um divino com a essência do humano projetada numa transcendência. De certa maneira, Deus é o que o homem acha que é na sua essência, ele é uma projeção que se explica, portanto, pelas necessidades decorrentes da vida em sociedade.

Nietzsche dirá algo muito parecido, um pouco depois, mas é preciso entender o que ele quis dizer. Nietzsche diz que Deus é uma criação do homem que decorre de uma dificuldade que sentimos para viver a vida. O homem é triste: ele leva porrada do mundo, percebe que é fluxo, que é trânsito, impermanência, deixa de ser, é finito. O homem não suporta o mundo da vida, não está preparado para ele. Busca desesperadamente puxar o freio de mão do fluxo da existência, criando coisas que permaneçam e, naturalmente, Deus é a fórmula mais bem acabada dessa permanência. Na sua eternidade, infinitude, imortalidade, perfeição, Deus reúne tudo que o homem gostaria que fosse a sua existência, ele que é rigorosamente o contrário de tudo isso. O homem é imperfeito, finito, mortal, perecível, caduco, putrefato, e, por não suportar o trânsito, a leveza, o deixar de ser, a tristeza, cria Deus, e este é o freio de mão simbólico de que ele precisava. Esse discurso apela para necessidades que poderiam ser chamadas de psicológicas do homem: o homem é triste na vida. Por isso, Deus.

A perspectiva do materialismo histórico é um pouco diferente. As necessidades não são propriamente psicológicas, mas sociais. Não é investigando a alma do homem que nós vamos entender por que ele inventou Deus, mas é investigando a sociedade e as relações entre os homens que nós vamos entender por que ele inventou Deus.

Logo, Nietzche e Marx concordam que o homem inventou Deus, só que na hora de explicar o motivo, cada um aponta para um caminho: Nietzsche para a tristeza, e o materialismo histórico para as necessidades materiais que são as do homem em sociedade.

Quando Marx aponta para Deus, faz ao mesmo tempo a crítica da consciência do homem que o fabrica e da realidade que patrocina essa consciência. O pensamento de Marx é muito claro nesse ponto: o homem pensa Deus porque vive como vive e então a verdadeira crítica não é a crítica da consciência, mas sim das condições materiais da consciência. Não é a crítica do culto – que Marx também faz –, mas sim das condições materiais do culto.

Assim, Marx não se lamenta pelo fato de o homem falar de Deus, ele se lamenta daquilo que patrocina esta crença. Fosse o mundo diferente, o homem não precisaria disso, mas ele precisa disso como tábua de salvação, porque o mundo é ruim e o condena a esta situação de indigência existencial.

Marx, em *O Capital*, diz que a verdadeira crítica da religião deve ser a crítica sociológica da religião, que explique a consciência religiosa como uma consciência falsa, pela falsidade do mundo real. A crítica da religião torna-se a crítica da Terra e da política, e a crítica da política se torna a crítica da economia.

Religião e capital

A passagem da crítica da religião ao capital só se faz por intermédio da ideia de mundo, nas suas perspectivas infraestrutural e superestrutural. Marx usa a religião como paradigma provavelmente por ela ser, de todas as superestruturas, aquela que mais alegoricamente explica o fenômeno.

A religião propõe que o mundo é como é porque Deus quis assim. Marx inverte: se a religião é como é, é porque esse mundo precisou que fosse assim.

Se a religião é um conjunto de crenças que gera uma consciência do divino que é falsa, ela é uma consequência inexorável de um mundo falso.

Se Marx fala em uma consciência falsa, devemos supor que exista uma verdadeira. E se o mundo é falso, deve existir um mundo verdadeiro. O mundo falso é o mundo em que nos encontramos. Logo, se o mundo falso é o mundo que é, o mundo verdadeiro é o mundo que não é. Qual é o mundo verdadeiro que patrocinará uma consciência verdadeira?

O mundo não capitalista.

Para que Marx possa falar em verdadeiro ou falso, é preciso que haja uma referência indiscutível que dê chancela de veracidade a esse mundo, e essa chancela deve ser dada por quem não tenha interesses próprios, ou seja, que esteja fora do nosso mundo, transcenda ao mundo da vida, seja ideal e não materialista, pois.

Muitas são as semelhanças entre os pensamentos de Marx e Nietzsche, mas esta diferença é radical: aquele tem a convicção de que encontrou a verdade, este tem a convicção de que a necessidade da verdade é psíquica, e de outras que decorrem da nossa fragilidade. Não existe verdade nenhuma, em lugar nenhum, tudo é só um ponto de vista.

Marx consideraria Nietzsche um filósofo burguês e asqueroso a serviço do capital, enquanto este consideraria aquele mais um iludido, que acha que encontrou a verdade, que está fora do mundo da vida, distribuindo verdades ao seu critério.

A crítica marxista é , ao mesmo tempo, da realidade e da consciência que o homem tem desta realidade.

A percepção é de que a religião decorre de um mundo falso, então é preciso criticar o mundo falso, para poder entender a consciência falsa do mundo. A crítica da religião se transforma em crítica do direito e a crítica da teologia em ciência política. A religião e o direito são superestruturas, na perspectiva marxista, e desempenham rigorosamente o mesmo papel, só que em momentos diferentes de evolução da história. A religião foi preponderante em um determinado momento da história, e o direito passou a ser preponderante em outro, portanto houve um deslocamento do foco da falsa consciência. A passagem da religião para o direito merece uma explicação.

Para os gregos, a virtude era sinônimo de talento natural, exemplo de Aristóteles, olho virtuoso é o que enxerga bem, e dentro desta perspectiva existe uma hierarquia natural entre os seres que é totalmente legitimadora de uma hierarquia política e social. Por esta razão, Aristóteles achava que a escravidão estava perfeitamente adequada à vida.

Para os cristãos, as pessoas são naturalmente diferentes, e a virtude é o uso que se faz dos talentos. A diferença intelectiva entre as pessoas pode ser oceânica, entretanto, graças a Cristo, a diferença passa a não importar: somos todos filhos de Deus. Não existe nenhum talento bom em si mesmo em termos de virtude, o que vale é o que cada um vai fazer com os seus talentos, não importa o quanto possuir.

O humanismo é a laicização do pensamento cristão. Na Revolução Francesa não há Deus, mas há igualdade, liberdade e fraternidade, que são todos ideais cristãos. Temos todos livre-arbítrio para decidir o que vamos fazer dos nossos talentos.

Marxismo, igualdade e alienação

Há duas interpretações de igualdade no marxismo: o laico, que vai imediatamente dizer que não há igualdade nenhuma, só uma ilusão; já o marxismo católico considera que não somos iguais, mas deveríamos ser. Existe uma aproximação do cristianismo com o pensamento marxista muito bem costurada por alguns pensadores. De fato, existe exploração do trabalho, mas quando houver uma sociedade sem classes, será cristã porque seremos materialmente iguais e aí seremos de fato irmãos e filhos de Deus. Dois tipos do pensamento cristão à luz do pensamento marxista.

Uma terceira via pode ser chamada de humanista, antropocêntrica. Permanece a igualdade, só que, no lugar de uma igualdade decorrente de uma fraternidade, de uma paternidade, de uma divindade, ela se torna uma igualdade jurídica, perante a lei, conforme diz a Constituição Federal de 1988. No lugar de Deus, a lei; da religião para o direito.

O ponto central da reflexão marxista sobre o trabalho nas relações de produção caracteriza-se por ser explorado e alienado. São características que se imbricam: explorado porque alienado, e alienado por ser explorado.

Explorado, porque o burguês detém as condições materiais de venda da força de trabalho. Sendo assim, o proletário vende a força de trabalho quando, onde e como o burguês deixa. Nestas condições, o burguês não paga o que o trabalho vale. Alienado, porque o trabalhador acaba sendo progressivamente desconectado da percepção do funcionamento e da desigualdade do sistema.

Leia o conceito de alienação no livro *O Capital*:

"O trabalhador se torna tanto mais pobre quanto mais ele produz riqueza, o trabalhador se torna tanto mais pobre quanto mais a sua produção cresce em potência e em volume. O trabalhador se torna uma mercadoria ao preço tanto mais baixo quanto mais ele cria mercadorias. A desvalorização do mundo humano vai acompanhada da valorização do mundo material. O trabalho não produz só mercadorias, ele se produz a si mesmo, da mesma maneira que ao trabalhador, como uma mercadoria, na mesma medida em que ele produz mercadorias em geral."

Quando o trabalhador produz mercadoria, ele produz também a si mesmo e ao seu trabalho como mercadoria, já que entra no jogo para ser vendido como uma mercadoria qualquer. Curiosamente, quanto mais mercadoria ele produz, menos ele acaba valendo no mercado das mercadorias. É a mais-valia, que já vimos.

Nenhuma mercadoria existiria sem o trabalho. No entanto, de acordo com o materialismo histórico, quando o trabalhador produz a mercadoria, a mercadoria torna-se independente do trabalho, ela se autonomiza, ganha independência em relação ao trabalhador que a produziu. Torna-se estrangeira a ele, ao trabalho que a produziu. É exatamente esta a ideia central da alienação.

Um chinês ou um indiano ou um vietnamita faz, por exemplo, uma peça de roupa, ou uma bolsa. Quando ela sai de sua vista, como num passe de mágica, parece ganhar vida própria. Rompe-se o vínculo entre o que foi produzido e seu agente produtor. O trabalhador perde a noção – fica alheio – de para onde a mercadoria foi, quem vai comprá-la, qual é o seu valor de uso, qual é seu valor de troca etc. A mercadoria passa a existir sem o trabalhador, nega o seu agente produtor, esconde-o do mundo.

Desta forma, tudo se passa como se ela tenha vindo ao mundo sem processo de produção, sem trabalhador e sem trabalho. Ou quando você compra uma camiseta você percebe nela o trabalhador? "Ah, isso aqui só pode ter sido obra do Xing Tao! Esse eu conheço de longe! Grande Xing! Só compro coisas feitas por ele!" Não é isso o que acontece.

Ocorre o mesmo entre o aluno e o professor: aquele termina um curso totalmente repaginado e vai para o mundo preparado para enfrentar discussões com um arsenal de conceitos. Graças a eles, poderá se posicionar frente a interlocutores, fazer triunfar pontos de vista, redefinir identidades pessoais. Mas o que permitiu ao aluno chegar a esse resultado desaparece nesses momentos de enunciação. O aluno autonomiza-se em relação ao seu produtor, ou seja, o professor que o fez existir assim. Em um processo de alfabetização longo, de formação escolar extensa, ninguém, no seu discurso, cita os professores que dela participaram. Portanto, perceba que existe uma autonomização em relação ao trabalho até mesmo na sala de aula.

Neste caso, a aula terá se convertido em mercadoria, o que permite ao aluno consumi-la, em meio a outras em oferta. A aula tem um valor de uso, pois atende a uma necessidade. E o professor fica aqui, esmolando e esperando atender com alguma competência a sua vontade. A aula do professor é uma mercadoria, e ele também. A aula autonomiza-se em relação ao seu produtor, e o próprio professor, enquanto mercadoria, autonomiza-se em relação à pessoa do professsor, que desencarna de uma pessoa: corpo e sentimentos que se tornam irrelevantes. Trabalhador enquanto mercadoria perde-se porque ele se alienou em um processo de autonomização do produto. O pai reclama do professor em função do afeto de seu filho. E ofende o professor, e agride o professor, como se fosse uma mercadoria estragada.

E Marx dirá mais ou menos assim: todas essas consequências decorrem do fato de que, por definição, o trabalhador encontra-se diante do produto do seu próprio trabalho na mesma relação que em relação a um objeto estranho. Se é assim, é evidente que, quanto mais o trabalhador se gasta no trabalho, mais o mundo estranho objetivo que ele cria diante de si se torna potente, mais ele se empobrece; ele mesmo e mais seu mundo interior tornam-se pobres, menos ele possui a si mesmo.

Ora, se o produto ganha autonomia em relação ao produtor, quanto mais este último se empenhar na produção, mais estará produzindo coisas que se autonomizarão dele. Paradoxalmente, a riqueza da minha produção implica um empobrecimento da minha própria potência. Olhe que interessante: quanto mais dedicado e produtivo você for, menos você será. Menos pessoa. Menos valor de mercado. E o interessante é que o capital quer mesmo isso de você: que você seja ultraprodutivo, ultraeficiente, ultratudo; inclusive ultra-alienado, ultrapequeno em relação ao que produz: ultradesvalorizado.

Essa lógica da alienação, segundo Marx, ocorre também com a religião: "Quanto mais o homem projeta coisas em Deus, menos ele guarda para ele. O trabalhador coloca a sua vida no objeto, mas então esse objeto não lhe pertence mais. Quanto mais essa atividade é grande, mais o trabalhador é privado dos objetos. Ele não é o que produz pelo seu trabalho: quanto mais esse produto ganha em substância, menos o trabalhador é ele mesmo. A alienação do trabalhador no seu produto significa não somente que o seu trabalho se torna um objeto, uma realidade exterior, mas que o seu trabalho existe fora de si, independentemente de si, estranho a si, e se torna uma potência autônoma diante de si, que a vida que ele emprestou àquele objeto se opõe a ele hostil e estrangeiramente".

O trabalho aliena: perspectivas

Esses são os parágrafos que Marx consagra ao trabalho como alienação. A ideia central é que, quando se fala em alienação, diferentemente do senso comum, que considera alienada a pessoa pouco consciente do mundo, no marxismo o conceito é muito diferente.

O trabalho aliena porque o seu resultado se autonomiza. A alienação é, então, condição para que a revolução não aconteça, a dominação prossiga, para que a exploração seja possível. Se você conservasse, de alguma forma, soberania sobre o produto do seu trabalho, isso se converteria em força política, força econômica e força social. Mas, como você perde controle sobre o seu trabalho e sobre o produto do seu trabalho, você fabrica uma coisa forte e se enfraquece ao produzir aquilo que é forte fora de você.

O livro II da *República* de Platão fala sobre o trabalho. Adimanto, irmão de Platão, conversa com Sócrates. O texto começa com a seguinte frase: "Para mim a *polis*, a cidade, se forma porque cada um de nós se encontra na situação de não bastar-se a si mesmo, mas, ao contrário, quase tudo nos falta, por isso fundamos a cidade" (369B). A ideia central da perspectiva grega do trabalho: "Existe uma hierarquia natural dos seres, as pessoas têm competências desiguais, e a boa cidade é a que dá a cada um o seu trabalho nos limites da sua desigual competência."

É por isso que um indivíduo grego apequenado intelectivamente, como quase todo mundo, tem que trabalhar com os braços. Você não pode exigir que uma pessoa incompetente para pensar desempenhe uma atividade intelectual. E, mais do que isso: você não pode gastar dinheiro público querendo dar educação gratuita intelectiva para quem nunca vai pensar direito.

Dentro da perspectiva grega, a boa cidade é aquela que dá a cada um a chance de fazer reluzir a especificidade dos seus talentos naturais. Ora, o serviço braçal permite fazer luzir a especificidade e competência de trabalhador braçal.

A reflexão de Platão sobre o trabalho é completamente diferente da de Marx. O primeiro parte de uma premissa de que o segundo não tem por que aceitar: que o universo é ordenado, é cósmico, e as pessoas têm talentos preestabelecidos para que o universo funcione bem. Naturalmente, após a descoberta pelo homem de que o universo não é ordenado, essa perspectiva não se sustenta, mas na época de Platão ela era muito importante.

Numa outra perspectiva, John Locke, um liberal inglês, escreveu no seu *Segundo Tratado do Governo Civil*.

"Ainda que a Terra e todas as criaturas inferiores pertençam em comum a todos os homens, cada homem é proprietário de sua própria pessoa, nenhum outro que ele mesmo, possui direito sobre ela, e o trabalho do seu corpo e a obra das suas mãos, podemos dizer, pertencem a ele mesmo, ele mistura o seu trabalho a tudo o que faz sair do estado do qual a natureza se apresentou. As coisas são de todos, mas cada um é ele mesmo proprietário daquilo que transforma pelo seu esforço. O trabalho, portanto, é o único fundamento do direito de propriedade sob o controle da lei natural."

Não se trata mais de respeitar a sua natureza, não há uma explicação que dê conta do porquê de você ter que trabalhar assim ou assado, há a consequência do trabalho, que é a propriedade. Mexeu, transformou, é seu. O trabalho como fundamento da propriedade talvez seja a principal ideia política de Locke, autor clássico do século XVII. Você ganha direito de propriedade privada sobre aquilo que produz porque produziu, pois a propriedade é o prêmio do esforço, do trabalho.

Não há, no trabalho, nem para Platão, nem para Locke, portanto, nenhum resquício de dominação, exploração.

Numa terceira perspectiva, temos Adam Smith, século XVIII, contemporâneo de Rousseau e Kant. No livro um da sua obra *A Riqueza das Nações*, pondera que "o trabalho é a medida real do valor de troca de qualquer mercadoria."

O homem nunca parou de teorizar sobre o trabalho. Essa reflexão é uma das mais profícuas e importantes para o entendimento do mundo como ele é. Hegel diz que filosofar é entender o mundo onde você vive. De certa maneira, entender o mundo onde você vive pressupõe entender o que é o trabalho, o que significa o trabalho.

Para Adam Smith, existe uma fronteira fundamental entre valor de uso e valor de troca. Valor de uso é a satisfação de necessidades iminentes, e o valor de troca é o que eu posso trocar com aquilo. O valor de uso não coincide com o valor de troca. Exemplos: a água tem valor de uso alto, mas tem valor de troca baixíssimo; o ar, valor de uso imprescindível, valor de troca nulo; o ouro tem valor de uso baixíssimo e valor de troca altíssimo. Essa é uma das teses fundamentais de Adam Smith, o efeito gangorra, a dissonância, a descontinuidade entre o valor de uso e o valor de troca. O trabalho é a medida real do valor de troca de qualquer mercadoria.

O que está por trás desta reflexão é que, quando você vai pensar no valor de uma mercadoria em função do trabalho, o valor que tem que ser considerado não é o valor de uso. Até porque muita coisa que tem valor de uso não é resultado da transformação do trabalho. Razão pela qual o valor da mercadoria que permite uma conexão com o trabalho é o valor de troca, sendo o trabalho a medida do valor de troca de qualquer mercadoria.

Chama atenção que esta proposta é claramente incompatível com a ideia de alienação. Marx está dizendo justamente que o valor de troca da mercadoria não tem nada a ver com o trabalho, talvez isso devesse ser, mas não é. A leitura de Adam Smith é importante para entender contra quem Marx escrevia. Adam Smith é um dos grandes economistas da época de Marx.

A reflexão sobre o trabalho em Kant aparece no texto intitulado *Ideia de uma história universal do ponto de vista cosmopolita*. Toda a reflexão kantiana sobre o trabalho está apoiada na antropologia de Rousseau. O trabalho, na ótica kantiana, é o resultado de uma singularidade humana de ter que esculpir a estátua da própria existência e ter que fabricar a própria vida. O trabalho é exatamente o delta entre a existência e a natureza, é o recheio que o homem dá para a vida para além do seu instinto, é tudo o que o homem faz para viver que não é instintivo mas é criativo, ponderativo e assim por diante.

Se o homem tem uma natureza fraca, pífia, singela, e se a vida é complexa demais, o homem tem que trabalhar. Tal como no Gênesis, o castigo que o homem recebe por ter comido a maçã é pagar a vida com o suor do próprio rosto. A perspectiva kantiana é absolutamente fiel ao Gênesis, é exatamente a transcendência em relação à natureza, à qual o homem está condenado, que você chama de trabalho.

Também na perspectiva kantiana, o trabalho é consequência de uma situação antropológica que absolutamente não se inscreve na lógica da dominação, da exploração e da alienação. Marx discrepa desses olhares sobre o trabalho. E agora você já sabe disso. Compreender o conceito de alienação permite começar a evitá-la.

Quinto Devaneio – Marx e a Linguagem

O problemático conceito de superestrutura

Comecemos a trabalhar a superestrutura.

O conceito de superestrutura é complicado. Já fizemos sobre ele várias inferências e já conhecemos um pouco de suas características. Mas é preciso ainda avançar. Porque, diferentemente da infraestrutura – que tem uma definição absolutamente acabada e fechada –, a superestrutura é uma noção aberta, cuja extensão e território não estão preestabelecidos. Então, quando você fala em superestrutura só sobra um recurso: defini-la tautologicamente. A definição tautológica é sempre uma definição de algo pelo seu contrário: pelo que a coisa não é. Tome-se como exemplo uma fruteira que tem peras e bananas. Você define as bananas como frutas cilíndricas, de casca amarela e manchas negras. E as peras? Ora, as peras são as que não são as bananas!

Essa definição de peras como sendo as que não são as bananas, numa fruteira onde só há peras e bananas, é uma definição tautológica, por aquilo que a coisa não é.

Por isso, durante os quatro primeiros capítulos, falamos da superestrutura lateralmente, sem defini-la. Eu não estava enrolando vocês. A superestrutura não admite uma definição positiva – ela só admite uma definição negativa: a superestrutura é o que não é a infraestrutura.

E qual é o problema da definição tautológica? É que, no caso da fruteira, tem-se a certeza de que nela só há peras e bananas. Definiu-se a banana, e o que sobrou é pera. Mas, no caso da infraestrutura e superestrutura, é muito menos claro definir desta maneira, posto que será obrigatório considerar como superestrutura quase tudo o que existe. A única coisa que não é superestrutura é o que foi visto nos quatro primeiros capítulos, a saber: a produção de bens materiais, as condições materiais de sua produção, as relações entre as pessoas para a produção, o trabalho, o processo de produção etc. O resto é superestrutura.

O que pretende este livro? Educar. Educação é superestrutura. Os advogados vão ao tribunal e estão fazendo superestrutura. Grandes especialistas em *Marketing* estão fazendo superestrutura. A médica responsável pela saúde mental das pessoas é superestrutura.

E o que há em comum entre o especialista em *Marketing*, a psique da médica, o causídico dos precatórios e outros? É que eles não são infraestrutura. Este é o problema. A definição de superestrutura, para quem é crítico do marxismo, é uma definição atrapalhada. Eu gostaria de deixar isso claro para você. Este conceito de superestrutura tem um enorme problema, que consiste no fato de Marx não poder fechá-lo por se tratar de algo que não para de mudar. A internet, por exemplo, é uma superestrutura, e só apareceu um século depois de Marx escrever sua obra.

Sabendo disso, Marx deixa a noção aberta, fazendo com que ela envolva praticamente tudo. E, logicamente, o conceito que compreende tudo não é nada, pois os conceitos servem justamente para discriminar, para oferecer a diferença específica, para dizer o que algo, somente ele, é. Um conceito serve sobretudo para limitar. Mas o conceito de superestrutura, por ele mesmo, não limita nada. O que limita é o de infraestrutura.

Qual é, finalmente, o problema da questão superestrutural? Marx fala de várias maneiras sobre a superestrutura – é claro que em cada livro ele fala de um jeito, pois fala em épocas diferentes. Mas é seguro afirmar que ele divide a superestrutura em duas, segundo sua índole. Há, então, a de "índole institucional" e a de "índole ideológica". Ainda, a superestrutura institucional divide-se em duas: o direito e o Estado. Já a superestrutura ideológica é o que Marx cansou de chamar de formas sociais da consciência. Em outras palavras, é o que passa pela cabeça das pessoas. Portanto, perceba que o próprio Marx destaca na superestrutura três questões: o Estado, o direito e a ideologia. Naturalmente, nós vamos, a partir de agora, ter que enfrentar esses problemas.

A autonomia relativa da superestrutura

Aprendemos até agora que não podemos analisar um elemento da superestrutura sem considerar a infraestrutura. Mas isso não significa que a superestrutura seja um mero espelho daquela. Portanto, poder-se-ia pensar na ideia de uma autonomia relativa, ou seja, diante de uma mesma infraestrutura, várias são as formas de manifestação superestruturais possíveis. Assim, não há uma correspondência mecânica entre uma e outra.

Vamos a um exemplo: um cidadão estuda filosofia comigo há cinco anos e ele sai por aí pensando e falando as coisas que pensa. Então, alguém dirá: "Se eu quero saber por que ele pensa o que pensa, eu tenho que me remeter ao professor Clóvis". O professor Clóvis, neste caso, seria uma espécie de infraestrutura do que ele pensa e fala. Só que a sua intelecção depende também das situações concretas que ele vive e viveu. Ele pode falar algo hoje e amanhã dizer outra coisa. Pode ligar uma coisa à outra, associar algum outro elemento, dar um exemplo da vida cotidiana dele. Ou seja, há muitas coisas que ele faz que vão além da influência do professor Clóvis na sua vida.

Mesmo aqueles que, descaradamente, tentam imitar o professor Clóvis na internet, nunca poderão falar como ele, porque, para que uma pessoa produza intelectualmente, faz efeito sobre ela uma infinidade de coisas, que nunca serão iguais às de ninguém. Mas, enfim, para entender algo do que ele pensa, eu tenho que ir ao encontro do professor Clóvis. Da mesma maneira ocorre com a infraestrutura e a superestrutura. Se eu quero saber o sucesso do padre Marcelo, eu tenho que estudar a luta de classe, eu tenho que estudar a luta da burguesia com o proletariado, eu tenho que estudar como os bens materiais são produzidos na sociedade específica onde ele faz sucesso.

Por isso, preciso esclarecer a você que uma coisa é admitir que a explicação precisa passar por um certo ponto, que é o que quero que você perceba. A outra é admitir que aquele ponto explica tudo. A infraestrutura não explica tudo, mas explica muito, e é a fonte fundamental a ser consultada.

Há uma série de circunstâncias que não são infraestruturais. Estou insistindo nisso para você entender o que Lenin chamava de "marxistas vulgares". Um marxista vulgar é um sujeito que diz: "Tudo o que eu vejo é dominação de classe". Um exemplo é a leitura vulgar de *A Moreninha*, de Joaquim Manuel de Macedo: um é o burguês, outro é o proletário. Um explora o outro, e, por isso, a moça fica com o burguês que ganha do proletário na luta. Esse é um marxista vulgar, pois está querendo simplificar uma causalidade que não é simples. Ou seja, tudo o que existe não é um espelho da dominação de classe. Vamos refinando o nosso conhecimento. Se você me acompanhou até aqui, começa a colher os frutos da sua teimosia.

É claro que eu preciso olhar para a economia, mas existe uma certa soberania da superestrutura. Eu dou como exemplo a pesquisa sobre telenovela. Existe isso? Claro, e quase todas as pesquisas científicas sobre telenovela são feitas segundo o paradigma marxista. Então, todas elas concluem que a telenovela é um espaço de alienação que permite a dominação de classe. Mas isso não é feito na obviedade. Não se diz, por exemplo, que Odete Roitman morreu por causa da luta de classe. Não, a leitura é bem mais sutil, vai buscar legitimações ideológicas para as coisas serem como são; vai buscar uma clara divisão social, aceita por todos, na qual "o pobre tem seu lugar" e é feliz, e o rico sofre, é traidor, canalha, safado, morre etc. São pontos ideológicos que você nunca nota, mas que podem ser lidos por um marxista refinado.

Você percebeu, então, que a relação da infraestrutura e da superestrutura é complexa. Quando você lê *O Capital*, encontra Marx dizendo coisas muito contundentes, como: "A infraestrutura determina a superestrutura; não é possível explicar nada sem a economia; a economia é o alfa e o ômega de toda a vida social". Você poderia pensar que o próprio Marx está dizendo que a economia explica tudo. Mas é preciso fazer uma interpretação delicada disso. Marx estava posicionando-se contra muitos. Então, ele tinha que radicalizar a sua proposta para poder lutar contra os idealistas que acham que o motor da história é o pensamento, sem perceber que o pensamento não é o motor, mas, sim, o movido, a consequência. Os idealistas acham que a ideia está no nascimento de tudo. Marx, para combater os idealistas, teve que radicalizar a importância da economia, da matéria e da infraestrutura. Mas não era isso o que ele queria dizer. O que ele queria dizer é que não podia fazer nenhuma análise sem considerar a infraestrutura. Porém, é claro que a superestrutura não é uma correspondência mecânica da infraestrutura; por exemplo: a burguesia domina o proletariado, mas, em termos de Estado, pode-se ter um regime presidencialista nos Estados Unidos e um regime parlamentarista na Inglaterra. E os dois são manifestações diferentes da mesma dominação de classe. Portanto, há uma certa autonomia superestrutural em relação à infraestrutura.

A linguagem

A primeira – e importante – pergunta é: "a linguagem é superestrutura?". Stalin tem um texto que se chama "O materialismo e a linguística", no qual ele diz que a linguagem é um problema porque, se você disser que ela é superestrutura, está falando dela no direito, na filosofia, na arte, na poesia, na religião, nos discursos do padre, do professor, entre outros. E, de fato, a linguagem está na superestrutura. Só que, quando o trabalhador está fabricando bens materiais e pede que lhe alcancem o martelo, ele está utilizando a linguagem, pois sem ela não há infraestrutura. A linguagem está na infraestrutura e também está na superestrutura. Eis aqui um elemento que coloca em dificuldade esta separação categorial. O padre Marcelo, por exemplo, usa a linguagem, assim como o mestre de obras e as pessoas na fábrica. Está extensivamente explicado: a linguagem está em todo o lugar.

Você me perguntará: "Como eu faço se tiver que definir a linguagem como infraestrutura ou superestrutura? Por que eu tenho que colocá-la em um lugar ou noutro? Se a infraestrutura é a base e a superestrutura é a consequência, a linguagem é base ou é consequência? A linguagem é causa última ou é sintoma? É elemento estruturante ou estruturado? É esqueleto ou é recheio? É osso ou é músculo?". Esta é uma questão importante para a qual, naturalmente, eu não tenho a resposta.

Mas, tal como fiz com a questão do trabalho, eu vou dar voz a Marx e àqueles que ele considera importantes para chegar à sua concepção. Só que, no caso do trabalho, eu parti de Marx e voltei. Agora farei o contrário. Mudarei de método, porque o Marx mudou de método. No trabalho ele apresenta a sua própria ideia e, só depois, analisa as outras em relação à dele. Na linguagem, começa falando dos outros para chegar ao que ele pensa. Agora vamos fazer a mesma coisa.

Marx, a linguagem e a política

O primeiro texto citado por Marx é o Gênesis. Mais especificamente, estamos falando do capítulo 11, da Torre de Babel. Marx cita este episódio e destaca que é um mito bíblico extremamente interessante e fascinante. Aliás, a leitura bíblica de Marx é muito fascinante, pois, segundo ele, a Bíblia é o primeiro documento escrito que destaca que não é possível falar de linguagem sem falar de poder e vice-versa. A Bíblia foi o primeiro livro a entender tudo. E, por isso, Marx diz que ela é um adversário tão difícil. Marx quis dizer que o elemento central da linguagem é um elemento de poder, pois graças a ela os homens puderam vislumbrar a construção da Torre de Babel e estavam se preparando para o mais impossível dos embates e a mais audaciosa das dominações – que é dominar Deus. Também quis dizer que, quando Deus resolve castigar, ele o faz na medula do problema. Neste caso, criou mais línguas, e os homens se tornaram absolutamente fracos. Portanto, a linguagem é igual à força, ao poder, à dominação. É graças à palavra que se busca a dominação. Ela é instrumento de fazer triunfar os próprios apetites.

Há, portanto, na análise da questão da linguagem, uma questão política indiscutível. Marx diz que a Bíblia colocou todos os homens falando a mesma língua e buscando desafiar a Deus. Mas esqueceu de mostrar o homem usando a palavra, usando a mesma língua, para dominar o próprio homem. Na verdade, o que a Bíblia está querendo dizer – sem dizer – é que a linguagem é instrumento de dominação do homem pelo homem. Mas, no lugar de falar assim, colocou todos os homens aliados contra Deus, quando, na verdade, esse Deus está no lugar do próprio homem. Em outras palavras, a linguagem é instrumento político de dominação, e Marx enxergou isso no Gênesis.

Avancemos nossa reflexão comentando o que Marx disse sobre Platão, que também fala sobre a linguagem em dois textos fundamentais: Platão I e Platão II. Estou brincando com você: Platão I é um diálogo chamado Teeteto; Marx fala dele mais de uma vez. Este diálogo é a história de uma pergunta de Sócrates para Teeteto: "Será que o que eu chamo de pensamento é o mesmo que você chama de pensamento?". E Teeteto responde nesta linha: "Eu não sei o que você chama de pensamento". Então Sócrates faz uma reflexão sobre o pensamento que você nunca mais vai esquecer.

O pensamento: Sócrates no Teeteto

Embora se esteja falando da linguagem, em grego a palavra *logos* significa linguagem e também significa pensamento. E no marxismo também é assim: o pensamento é a linguagem e a linguagem é o pensamento. Então, não me acuse de tergiversar.

Sócrates diz que o pensamento é uma discussão que a alma empreende consigo mesma a propósito das coisas que ocorrem a ela examinar.

Então, o que é o pensamento? É a alma "A" discutindo com a alma "B" sobre qualquer assunto. O pensamento é um diálogo. E o que constitui um diálogo? Discursos e linguagem.

Assim, você percebe que Sócrates está dizendo que, fundamentalmente, a alma dialoga consigo mesma, como se fosse um diálogo entre duas pessoas. Um diálogo intrapessoal que poderia bem ser um diálogo interpessoal. Sócrates quer dizer que a mesma matéria-prima que você usa para falar, usa para pensar, pois você pensa com a linguagem e fala com a linguagem. Está aí a razão de *logos* significar tanto uma coisa quanto a outra.

Você já fez uma análise procurando maximizar a consciência do momento da ponderação intelectiva? Você já procurou analisar o próprio pensamento? Já procurou perceber como é que você caminha no próprio pensamento? É muito interessante, porque você, obviamente, utiliza as palavras que usa para falar.

Eu gostaria de citar o personagem Fabiano, de *Vidas Secas*, quando ele pergunta como é que as pessoas querem que ele diga as coisas se ele nem sequer pensa. Aparentemente, é uma frase de um tolo, mas esta é uma frase sofisticada. Pois, se ele não tem nada na cabeça, a mesma debilidade de repertório que tem para pensar tem para falar, pois são processos correlatos.

Por isso eu não caio, em uma prova oral, na desculpa dos alunos quando me respondem: "Professor, eu sei o que é, mas não consigo explicar". Pois é. Não conseguir falar é não conseguir pensar. É a mesma coisa.

O marxismo da linguagem fala que todos nós temos um auditório interior. E percebe-se que a aproximação do Teeteto é óbvia. Mesmo quando você pensa, você não está sozinho, pois a sociedade também está com você na forma de um auditório imaginário com o qual você dialoga. Isso é o que os marxistas chamam de dialogismo. O pensamento é sempre dialogado, mesmo que só em você.

Para finalizar o diálogo do Teeteto, Sócrates propõe que alma "A" e alma

"B" entrem em um acordo, e, quando isso ocorre, surge a opinião. Portanto, a opinião é o momento em que o diálogo dá lugar a um acordo. A linguagem é condição material tanto do diálogo quanto do acordo e da opinião.

A linguagem o que é? Crátilo

O terceiro texto que Marx cita (este é o "Platão 2", para você não se perder) é o diálogo *Crátilo*. Este diálogo é uma discussão sobre a linguagem que parte de uma dúvida: "Será a linguagem um correspondente do mundo ou será a linguagem uma convenção?". E Marx cita esse texto porque nele Sócrates parece querer mostrar que o sentido das palavras é socialmente construído. É o resultado de um acordo entre as pessoas. Portanto, o que as palavras querem dizer não emana do mundo observado, mas decorre de um alinhamento social, de um acordo social, de uma convenção social. Isso ajuda a nossa compreensão, porque fica claro que não há condições de estudar o sentido das palavras sem estudar a sua gênese social. Sem estudar a sua gênese social, também não se pode estudar o uso que as pessoas fazem das palavras. Se eu quiser saber o que passa pela sua cabeça, dado que o pensamento é linguagem, não posso desconsiderar que o pensamento tem uma infraestrutura social.

O que Sócrates quer dizer é: se o que eu penso tem como matéria-prima a linguagem, e o sentido da linguagem é um sentido socialmente definido, eu só posso entender por que eu penso o que penso se investigar a sociedade onde vivo. Porque é nessa sociedade que são definidos os significados e os sentidos das palavras que eu uso para pensar. E isso é fundamental para nós.

Esse texto ajuda a compreensão da perspectiva marxista da linguagem que se verá mais adiante. Mas esse texto também permite a Marx mostrar que uma possível perspectiva contratualista ou convencionalista não é a marxista. Essa história de que todos se reuniram para decidir qual é o sentido das palavras é muito diferente da perspectiva de Marx, pois ele concorda que o sentido das palavras é definido, a rigor, a partir de relações de poder, não enquanto convenção. A palavra convenção é inadequada, fraca, enganosa para dar conta do que é a arena conflituosa de definição de sentidos numa determinada sociedade.

Numa visão convencionalista, em que todos se reúnem, decidem e chegam a um acordo sobre o que as coisas querem dizer, vence o melhor argumento. Seria muito bonito e muito justo, mas dirá Marx que a coisa não funciona assim.

Na verdade, definir o que as palavras querem dizer é uma questão altamente estratégica. É um troféu e tem um poder fenomenal. O sentido das palavras é, estando-se consciente disso ou não, um objeto de luta. No lugar da convenção, entra o conflito. Assim, você pode ter uma ideia melhor do que o marxismo tem a dizer sobre a linguagem. O sentido das palavras é o resultado de uma luta.

Ciclofaixa , homossexual, candidato, deputado, estrangeiro, vândalo, manifestante, grevista: cada um dos sentidos dessas palavras é objeto de luta no momento em que escrevemos este livro. E cada uma delas trouxe à sua cabeça sentidos que vão muito além de uma descrição formal e léxica dos verbetes, como em um dicionário. Ao menos uma dessas palavras gerou em você concordância, um sentimento positivo, a luta por uma causa. Levou você também a imaginar os inimigos desta causa, e os argumentos que usam para significar a palavra. Mas, para fugir de polêmicas, um exemplo que eu gosto muito de citar é o da expressão "Universidade Pública". O que Universidade Pública quer dizer? Existe uma luta política e social pela imposição do sentido legítimo desse termo. Eu me lembro de uma oportunidade em que fui participar de um seminário em San Juan, em Porto Rico, e fui a uma universidade chamada Universidade Pública de Porto Rico. Lá, acabei descobrindo que os alunos dessa universidade pagam uma mensalidade. Então perguntei: por que pagar uma mensalidade, se ela é pública? Logo recebi uma explicação de por que ela é pública e no que se discriminava das universidades privadas. Os pormenores não nos importam, com tão gritante diferença. O que importa é que você perceba que "universidade pública" tem um sentido em um lugar e não tem o mesmo sentido em outro.

Política da linguagem

O quarto texto que Marx cita é de Aristóteles. Há uma obra importantíssima sobre política, escrita por Aristóteles, intitulada *Os Políticos*. Nessa obra, no seu primeiro livro, logo no segundo capítulo, há uma reflexão muito clara sobre linguagem, que é absolutamente fundamental para o assunto que estou abordando. Aristóteles tem uma importante definição de homem: o homem é um animal político dotado de *logos*. O que concluímos dessa definição é, em primeiro lugar, que um eventual ser com aparência humana que não vive na *polis* não é homem. Em outras palavras, a vida na sociedade, a vida na *polis*, é condição da humanidade do homem. Em segundo, isso não basta para definir o homem, pois pode ser que a formiga, ou outros animais, também vivam na *polis*. Então, o homem é dotado de *logos*. E aqui, *logos* é, ao mesmo tempo, discurso e razão.

Quando investigamos qual é o sentido de *logos* dado por Aristóteles, percebemos claramente que é a linguagem, pois ele comenta que os animais parecem refletir e têm uma forma própria de intelectualidade. Os animais também têm sensações, percepções, e emitem ruídos que manifestam essas percepções. Portanto, dirá Aristóteles que o que discrimina o homem do animal é a linguagem. E é graças a ela que o homem transcende a sua natureza, que pode atribuir valor à própria vida, que pode valorar o mundo, decidir entre o certo e o errado, o justo e o injusto, o adequado e o inadequado. Se você preferir, é graças à linguagem que o homem tem moral. E seria essa a singularidade do homem frente aos animais.

Na perspectiva aristotélica, estamos dentro de uma lógica absolutamente cósmica do universo, onde tudo está em ordem e tudo tem uma finalidade. Assim, a abordagem da linguagem aristotélica é finalista. Em outras palavras, para saber sobre a linguagem é preciso saber para que ela serve. E a perspectiva aristotélica da linguagem dentro desta lógica finalista é muito simples. A linguagem existe para que as pessoas possam se comunicar, interagir e constituir, assim, a *polis*. E é por isso que Aristóteles é fantástico. O homem é político porque é dotado de *logos*, mas é dotado de *logos* porque é político. Ou seja, é na *polis* que ele aprende a falar e a pensar, e é porque ele aprende a falar e a pensar na *polis* que ele participa do tecido social e permite que a *polis* exista. Logo, se você quer entender um pouco o que significa dialética, esse é um bom exemplo, pois a coisa não funciona em um único sentido: o homem é político e o homem é falante. E o que vem em primeiro? Não há o primeiro. O homem só pode ser falante porque é político, porque é na cidade que ele aprendeu a falar, aprendeu os códigos, as palavras, a ser lógico, a ter *logos*. Por outro lado, é porque ele tem *logos* que a cidade existe: porque ele se comunica, interage, define instituições, vive no meio social. O *logos* depende da *polis* e esta depende do logos. Por isso ele é político e lógico, dialeticamente.

Podemos interpretar o que Aristóteles quer dizer: as coisas não aconteceram da forma sequencial e linear que prega que o homem tenha surgido, em seguida aprendeu a pensar; pensando ele aprendeu a manifestar o pensamento, falando ele encontrou outras pessoas e, então, decidiu viver em sociedade. O homem já nasce social. A sociedade preexiste. E sociedade e linguagem se interconectam até mesmo no desenvolvimento. São siamesas, dialéticas, construindo-se mutuamente, desde sempre.

Ou seja, por que eu penso? Porque eu vivo em sociedade. Por que eu vivo em sociedade? Porque eu penso. Por que eu falo? Porque vivo em sociedade. E por que eu vivo em sociedade? Porque eu falo. Trata-se de um jogo de mão dupla que, quando quebrado, empobrece a riqueza da reflexão aristotélica.

Perceba o parágrafo de A Política, livro I, segundo capítulo, de Aristóteles, em tradução livre: "É evidente que o homem é um animal político muito mais que qualquer abelha e muito mais que qualquer animal gregário, porque, como dizemos, a natureza não faz nada em vão; portanto, a linguagem tem uma finalidade. Ora, só o homem tem linguagem entre os animais. Certo: a voz e o signo de dor e de agradabilidade também encontramos entre os animais. Sua natureza, na verdade, chega a experimentar a sensação do doloroso e do agradável, e de manifestá-la. Mas a linguagem existe com vistas a manifestar o vantajoso e o nefasto e, consequentemente, o justo e o injusto, e consequentemente toda a reflexão de moral no homem. Só há, portanto, uma coisa que é própria aos homens em relação aos animais: o fato de que só os homens tenham a percepção do bem e do mal, do justo e do injusto e de todos os outros valores deste gênero. E é graças à linguagem que isso é possível".

O que eu quero que você perceba é que o tema da linguagem é fundamental para entender tudo o que se vai falar daqui para a frente. Os futuros temas, como a alienação, a ideologia e, sobretudo, a dominação, sustentam-se, em grande medida, em estratégias relacionadas à linguagem. Pois é este um dos maiores suportes de legitimação – e você se lembrará da importância da mídia na construção de valores e opiniões – que você pode imaginar, e o capital percebeu isso bem rápido, e muniu-se de profissionais da linguagem que atendem aos seus interesses e trazem benefícios muito maiores do que os olhos podem ver.

Prossigamos, então, com nosso percurso, para que você entenda em que vai dar a reflexão marxista sobre a linguagem.

Sexto Devaneio – Linguagem e Ideologia

A dominação insuspeita

Estávamos analisando o aspecto da linguagem, que é complexo. Portanto, retomo a ideia: as coisas que são visíveis na sociedade (incluindo as instituições, a moral, a religião, o direito, o discurso das pessoas, o professor Clóvis quando fala etc.) fazem parte de uma superestrutura que está assentada em uma infraestrutura econômica. O que fiz ao longo deste curso foi: em um primeiro momento, esmiuçar a infraestrutura econômica – falou-se de produção, de relações de produção, de trabalho, enfim, falou-se de tudo aquilo que constitui essa infraestrutura. E agora comecei a tratar da superestrutura. E o fiz através daquilo que ela tem de mais elementar, que é a linguagem. Marx dá à linguagem uma grande importância e nos conta qual é o caminho que ele percorreu para tirar as conclusões que tirou. E esse caminho comecei a percorrer quando falei de dois textos de Platão e de um texto de Aristóteles. Neste momento, gostaria de destacar dois textos fundamentais para entender a perspectiva marxista da linguagem. Um é o filósofo da Revolução Francesa, Jean Jacques Rousseau, do século XVIII, que é muito costumeiramente aproximado a Marx. E um segundo filósofo do século XIX, um pouquinho anterior a Marx, em quem este se inspira, porém com quem rompe muito amiúde, que é Hegel. Então, falarei de duas concepções de linguagem que me parecem fascinantes. Em seguida, comporei um quadro interessante para entender a ideia central do pensamento marxista sobre a linguagem.

Se as pessoas dizem o que dizem – essa é a questão da linguagem – é porque, de certa forma, elas estão inscritas numa estrutura social em que existem classes sociais que estão em luta. Portanto, o que Marx sugere é que existe um uso da linguagem que é legitimador de uma dominação de classe. O uso da linguagem não é neutro, nem politicamente, nem socialmente; ele se disfarça de neutralidade, mas o fato é que a linguagem invariavelmente faz parte de um processo de conservação das relações de produção como elas são. Em outras palavras, a linguagem legitima um sistema econômico que tem duas classes e no qual uma domina a outra.

E eu iria mais adiante: a linguagem é tão importante exatamente porque ela disfarça bem. Exatamente porque ninguém se lembra da linguagem para pensar em dominação. Exatamente por que a linguagem é entendida de maneira ingênua como sendo um conjunto de palavras que correspondem ao mundo de maneira neutra, imparcial, objetiva. Ou seja, a linguagem é eficaz como instância de dominação simbólica exatamente porque nunca é claramente vista como tal. Disso podemos inferir uma regra que lhe será muito útil durante o resto de sua vida: todo e qualquer tipo de dominação será tanto mais eficaz quanto melhor se camuflar. Ou seja, será mais eficiente quando não for imediatamente visto como instrumento de sacanagem. A linguagem cumpre maravilhosamente bem esse papel, e é por isso que nós estamos falando dela.

Rousseau e Marx

O primeiro dos autores que destaco aqui é Rousseau. Ele possui uma obra sobre a linguagem que é totalmente diferente da de Marx, que fala da linguagem de forma salpicada e dispersa. Rousseau escreveu um livro inteiro sobre ela: *Ensaio sobre a origem das línguas.*

Antes de entrar na obra, quero que fique claro como a linguagem é muito frequentemente usada para esconder e mascarar espaços de dominação. Eu citaria o caso do jornalismo, por exemplo. Se você observar os slogans que vendem jornal, que são slogans publicitários, você perceberá que, por trás deles, existe esta concepção de linguagem, que é a que se está denunciando. Como, por exemplo, "aconteceu, virou manchete". Note que existe claramente, neste slogan, uma espécie de correspondência mecânica entre a notícia e a realidade. É impressionante como tudo o que é usado para vender jornal, que é linguagem, é discurso, pretende fazê-lo um espelho neutro da realidade.

Em outras palavras, o slogan propõe o seguinte: "Não venha me acusar de querer dominar alguém, de querer manipular alguém pelo uso da linguagem porque a única coisa que eu estou fazendo é dizer o que aconteceu! E o que aconteceu se impõe a mim. Eu sou, como disse certa vez William Bonner, um escravo dos fatos". E, naturalmente, quem é escravo obviamente nunca poderá ser acusado de opressor ou de dominador. Então, quando William Bonner, que naturalmente usa toda a sua expertise para noticiar o mundo do jeito que noticia – e você sabe que o mesmo mundo poderia ser noticiado de infinitas outras formas –, diz: "Eu sou um escravo dos fatos", ele está propondo que a linguagem não seja instrumento de nenhum tipo de dominação. Pelo contrário, defende que quem usa a linguagem é escravo da realidade. Espero que tenha ficado claro que é esta concepção de linguagem como correspondente neutro da realidade, como instância neutra nas relações sociais, que Marx quer denunciar. Todo mundo que usa a linguagem participa de mecanismos de opressão. Inclusive eu, neste livro.

Vejamos, então, Rousseau: a perspectiva rousseauísta de linguagem é muito sofisticada e merece atenção. Rousseau começa discutindo uma tese dominante do seu tempo: as pessoas começaram a se comunicar para satisfazer certas necessidades materiais. Esta é uma tese consagrada mesmo. As pessoas precisavam comer, beber etc. e perceberam que, através da linguagem, elas poderiam se comunicar e isso poderia ajudá-las a satisfazer esse tipo de necessidade fundamental. Rousseau constrói todo o seu discurso para relativizar esta tese e para mostrar que com ela concorda muito parcialmente. Ele nos propõe que, em primeiro lugar, a linguagem é uma prerrogativa humana. Portanto, o homem tem uma diferença específica em relação ao resto da natureza. E a linguagem faz parte dessa natureza.

Você é um homem ou um gato?

O exemplo clássico de Rousseau é o do gato. O gato tem instinto de gato, e ele respeita o seu instinto, pois o instinto de gato é tudo o que ele tem, é tudo aquilo de que ele precisa. E o gato, diz Rousseau, não inventa, não cria, não excede. Apenas obedece ao seu instinto. E gato é gato em qualquer lugar do mundo, em qualquer época. Gato é tudo igual. De uma previsibilidade irritante. E esse gato não fala. Com o pombo, a mesma coisa. Cem por cento instintivo. Pombo é previsível. Mas que fique claro, isso não quer dizer que a vida dele seja ruim. Pelo contrário. Ele já nasce com tudo o que é necessário para ser pombo. E isso é fascinante. As necessidades existenciais do pombo são inteiramente satisfeitas pela sua competência inata, pela sua tecnologia de origem. Ele não vai além porque não precisa. É como um Smartphone que nunca tem relançamento. Já está tudo lá. Nós, humanos, por nossa vez, não nascemos com tudo de que precisamos. Esse é o primeiro degrau da reflexão de Rousseau: a natureza humana é pobre.

O instinto humano é deficitário, e as exigências existenciais, complexas. Assim, existe uma defasagem, um delta entre aquilo de que o homem precisa e aquilo que o homem tem quando nasce. Isso é fascinante. Um recém-nascido é um zero à esqüerda; o homem é de uma incompetência instintiva fascinante, e é por isso que ele precisa de complementos. Precisamos levar a vida de maneira diferente daquela do gato e do pombo. Precisamos suprir aquilo que nos falta. E vamos fazê-lo graças à nossa possibilidade inventiva, intelectiva, criativa. Assim, o homem vai além, excede, transcende. O homem, de certa maneira, desrespeita a sua natureza. Chega a querer mudar de sexo, de cor. Você pensou no Michael Jackson, né? Mas não esqueça que o homem faz bronzeamento na praia. Quando ele não tem muito tempo, ele entra em espécies de fornos de micro-ondas para ganhar tons na escala Pantone. E agora ele se submete até a jatos de tinta para poder mudar de cor. Não é só o Michael Jackson.

O homem extrapola, desmente a sua natureza. Apresento até um outro exemplo, que me valeu uma séria inimizade: eu estava dando uma palestra para presidentes de empresa e citei como exemplo o odor. Eu disse: "O homem tem um odor próprio e, no afã de vencer a natureza, ele criou odores artificiais catinguentos para substituir este odor natural". Como estava presente o presidente de uma famosa marca de cosméticos, ele ficou com ódio mortal de mim só porque eu disse que a cosmética é uma iniciativa na contramão da natureza humana. Eu não estava criticando, apenas constatando o ponto de vista de Rousseau. E vou além: quando você está exalando odores, isso quer dizer que você está com o cheiro do seu corpo. E se você recebe um xaveco de alguém assim, com o famoso cecê (que, por sinal, é a vocalização da sigla C. C. – Cheiro de Corpo), pensa que é bicho e foge. Quando é que sua paquera está cheirosa? Quando está com o cheiro da indústria, do capital. E ainda mais: se o perfume for barato, está malcheirosa mesmo assim. Somente estará cheirosa quando estiver com perfume caro. Além do primeiro nível, da negação da natureza, há um segundo nível de distinção, pela posição social. Ou seja, não é questão de disfarçar por disfarçar. Portanto, concluímos que, no lugar de usar a natureza como referência, o homem usa a natureza como aquilo "a evitar". Por isso, acho muito interessante uma empresa de cosméticos fazer toda a sua campanha de *marketing* utilizando a natureza. Ora, se for para ser natural, o homem tem mesmo é que exalar o seu odor, envelhecer, enrugar etc.

Sendo assim, Rousseau vai esclarecer que o que caracteriza o homem é o excesso. Entretanto, que fique claro, o homem continua tendo a sua natureza. E essa natureza manifesta-se o tempo inteiro através daquilo que alguns chamaram de *elã vital*, potência de agir, *conatus*, pulsões. Aqui, identifica-se um problema interessante na perspectiva de Rousseau: o homem tem natureza, tem energia, tem tesão, tem pulsão, tem inclinação, mas precisa ir além. E precisa ir além porque o seu tesão nunca bastou. Portanto, Rousseau observa que, no caso do homem, a sua natureza não só não basta como tem que ser, de certa forma, desarticulada, redirecionada, redefinida pela vida. Veja que fantástico: enquanto o gato define a vida pelo instinto, o homem tem que definir o instinto pela vida. E aqui eu sugiro uma fantástica leitura sobre como a sociedade capitalista é capaz de redirecionar o instinto do homem para o trabalho de maneira extremamente eficaz: Herbert Marcuse, *Eros e Civilização*.

Retomando: o gato tem um instinto e isso determina a vida do gato. O homem primeiro vive e depois aprende aquilo que da sua natureza vai ficar e o que vai ser redefinido. Não sei se você percebeu, mas a existência do homem se impõe à sua natureza. A vida do homem se impõe à sua natureza. Se você preferir falar como os existencialistas, a existência precede a essência. Sartre disse isso no século XX, mas Rousseau, sem dizer desse jeito, já o tinha antecipado. No caso do homem, primeiro vem a vida e depois é que você acaba vendo como é que essa vida vai negociar com as suas pulsões, com os seus desejos, com as suas inclinações. Não é que o homem não tenha inclinação, mas somente ela não basta para a vida. Então, o homem vai aprender na vida como é que ele vai dirigir as suas energias, suas pulsões, como é que ele vai ser autorizado a direcionar as suas inclinações. E é nesse ponto que entra a linguagem. A linguagem é uma instância social, civilizada, coletiva, que tem a sua origem na necessidade de adequação da vida em sociedade e das pulsões ou paixões humanas. A linguagem nasce, portanto, da difícil adequação entre a vida em sociedade e as paixões humanas.

Conforme-se ou seja defenestrado

Você me perguntará: "Professor, como assim a difícil adequação entre a vida em sociedade e as paixões humanas?". Simples: não é possível que você não tenha percebido que há um monte de coisas que você bem que gostaria de fazer, mas que, no final, acaba achando que é melhor não.

Quais são as coisas que eu gostaria de fazer, mas não faço? Muitas são relacionadas ao sexo, evidente. Mas nem todas. A quantidade de gente que eu gostaria de esmurrar... Uma delas, em um evento ao qual fui. No evento estavam os mandachuvas e os seus subordinados diretos. E nesse evento, não importava muito o que a gente dizia, mas havia um tempo certo para acabar a fala. E se você não acabasse nesse determinado tempo, todo o tipo de truculência se tornaria possível. De repente, uma moça me mostrou um papel escrito "fim". Não era "vá concluindo". Estava escrito "fim". Mas eu ainda falei mais uns 10 minutos. E então, na saída, uma pessoa me abordou e disse: "O senhor extrapolou o tempo!". E eu fiquei com uma vontade enorme de esmurrá-lo. Mas eu não o fiz. Uma das razões foi a de que o sujeito era duas vezes o meu tamanho. Mas, mesmo que ele fosse a metade de mim, eu tampouco o faria, pois as consequências, evidentemente, para qualquer um dos casos, são outras.

É claro que há muitas coisas que você faria, mas que, no final das contas, não faz. Quase tudo o que você quer, acaba não fazendo. E por quê? Porque supõe que é melhor não fazer. Ou seja, existe um controle social das suas pulsões. E a linguagem nasceu para que isso fique mais "azeitado". A linguagem é a graxa que permite que a civilização e as pulsões deslizem de forma mais macia. A linguagem é o fusível entre duas forças incompatíveis: o seu tesão vital e a civilização, que já estava aí quando você nasceu. Percebeu a origem da linguagem?

Onde está a genialidade aqui? Em primeiro lugar: Rousseau não cai no erro de dar à linguagem uma explicação individual, como "O homem sentiu necessidade de falar com outro homem e de repente ele falou". Não, não pode ter sido assim, porque, se fosse, o outro homem não iria entender. Quando nunca ninguém falou nada com ninguém, de onde tiraríamos palavras e como fazer o outro entender? A linguagem não é produção individual. Ela é produção social. E você vai me dizer: "Se ela é social, o que eu tenho a ver com isso?".

Rousseau explica que você tem muito a ver com isso, porque, apesar de ser social, a linguagem está aí para civilizar. A função da linguagem é civilizatória. E a função civilizatória da linguagem é contar para você aquilo que da sua natureza dá para aproveitar e aquilo que tem que ser canalizado para outra coisa. Então, na adolescência, por exemplo, se você está com tesão, vá estudar matemática, pois amanhã tem prova. Está com tesão? Vá para o curso preparatório para o vestibular. Daqueles que começam às sete da manhã e terminam às seis da tarde. Arrancam-lhe o couro durante o dia e são mais quatro horas de lição de casa, à noite. O moleque, quando termina o dia, está amaciado, apontando para o centro da Terra, imóvel. Esse não vai criar problema.

Onde é que Rousseau inova? Ao dizer que a linguagem surgiu por uma necessidade social, a de preservar a sociedade. E o que ela precisa para ser preservada? Segurar a onda de todos. E como a sociedade faz isso? Através da linguagem. Quanto mais sofisticada, quanto mais requintada a linguagem, mais competente ela é para direcionar as pulsões. É o que Foucault chama de "docilização dos corpos".

Uma segunda natureza

A docilização dos corpos se dá através de processos que são, em grande medida, discursivos e linguísticos. Graças à linguagem, por exemplo, você sofre ameaças, você é aplaudido. Ela é o vetor do relacionamento com a sociedade e, portanto, o vetor que permite um certo adestramento do corpo para se alegrar com aquilo que não vai perturbar o mundo social. A linguagem é social e tem uma finalidade social. E essa finalidade passa por uma transformação da natureza. É por isso que Rousseau vai falar na definição de uma segunda natureza.

Uma palavrinha sobre essa segunda natureza, muito embora eu acredite que você já tenha entendido do que ela se trata: a primeira natureza é aquela de quando você nasce. E você nasce muito próximo do javali – ou aquém, pois, bem ou mal, o javali já nasce com o que precisa. Você nasce só com tesão. E a sociedade não pode deixá-lo assim. Um cara 100% tesudo é um problema. Então, o que acontece? A sociedade vai fabricar sobre você uma segunda natureza. E por que segunda natureza? Primeiro, porque é natureza, porque a sociedade vai agir sobre os seus afetos. E, portanto, sobre a natureza do seu corpo. Você vai passar a se alegrar e a se entristecer de outras formas. Vai passar a gostar e a odiar outras coisas. Isso é segunda natureza, pois a primeira não era assim.

Você pergunta: "Mas, professor, então o homem civilizado é um homem que se perdeu?". Sim. Sob certos aspectos. "E onde está o meu 'eu' natural?" Lamento, mas este está perdido para sempre. "Mas como eu era quando criança?". Como qualquer outra criança. E o que foi que a sociedade fez com você? Isso que você vê quando se olha no espelho. Tudo o que você diz foi a sociedade que lhe deu. A sua roupa, suas crenças, suas convicções, seus hábitos, sua maneira de interpretar o mundo, seus valores. Tudo foi a sociedade que deu.

Acho que você entendeu o que é uma segunda natureza. Pois a primeira natureza está perdida para sempre. "E se eu ficar pelado?". Você eliminou apenas um aspecto que a sociedade lhe deu, que é a roupa. E olha que já muda bastante. E quando eu falo sobre ficar pelado, eu posso não me referir apenas às roupas, mas também aos bens materiais. Experimente "rapelar" todo mundo para você perceber como já dá um colorido diferente. Mas, ainda assim, sobram as palavras, os maneirismos, a postura, a maneira de ser, de andar, de falar, de agir, de gesticular, as quais você aprendeu em sociedade. A sociedade fabrica em você uma segunda natureza.

Costuma-se imaginar que a sociedade age sobre o seu intelecto e só. E que você é um corpo e que nasceu com um intelecto socialmente apetrechado. Nunca. A sociedade age sobre o seu corpo. E o intelecto foi de sobremesa. É só a cereja do *chantilly*. Quando você vai para a escola, é para docilizar o corpo. O resto – a equação do segundo grau, história da África etc. – não importa muito. O importante é que você deixou de agredir, deixou de matar, deixou de passar a mão na bunda. Ou seja, você substitui a sua primeira natureza – que é uma natureza libidinal, agressiva, intolerante, animalesca – por uma segunda natureza que chamamos de civilizada. E a linguagem serve para isso.

Rousseau é fantástico. Continuemos, então. Qual a explicação da origem da linguagem? É que não se começa por pensar. Começa-se por sentir. Fala-se porque se sente. A explicação está nas paixões. Mas ela está nas paixões justamente na necessidade que tem a sociedade de inibi-las, coibi-las, amarrá-las, redirecioná-las, redefini-las. Então, se você hoje me perguntar: "Professor Clóvis, quem sou eu?". Eu lhe diria que você é aquilo que a sociedade fez de você. Você é o resultado de um encontro de uma Romiseta com uma jamanta. A jamanta é a sociedade. Você é a Romiseta. E você olha, está lá a sociedade olhando para você como se fosse algo monstruoso, e diz: "Amigo, eu não sei se você entendeu, mas vai ser como eu quiser". É como fazer sexo com um gorila. "E como é fazer sexo com um gorila?" Não sei, mas vai ser como ele quiser.

Então, concretamente, que papel teria a linguagem? Um papel duplamente justificador. Dos apetites do homem frente à sociedade e das castrações sociais frente ao indivíduo. É preciso entender isso sempre como um movimento de mão dupla. O homem tem pulsões e elas só desaparecerão no fim da vida. E a sociedade tem mecanismos de controle que se imporão até o fim da vida. Existe, na verdade, um jogo de pingue-pongue entre as pulsões do homem e os controles sociais. E a linguagem é a bolinha.

A linguagem, portanto, é a matéria-prima que vamos utilizar para justificar as pulsões frente à sociedade. E a linguagem é também a matéria-prima que a sociedade usa para justificar as repressões frente ao indivíduo. A linguagem é ao mesmo tempo social e individual. Ao indivíduo garante a manifestação de suas paixões; à sociedade garante os controles repressivos.

Hegel e Marx

O texto do Hegel não é específico sobre a linguagem e está num livro chamado *Fenomenologia do Espírito*. Qual é a ideia central de Hegel? Para ele, a linguagem é o que permite, de um lado, a interiorização da palavra, e – de outro – a exteriorização do pensamento. O que se está pretendendo dizer aqui? Em primeiro lugar, é que não há pensamento sem palavras e, portanto, não há pensamento sem linguagem. Também, que existem discursos em circulação na sociedade, e que o homem não para de pensar, isto é, de encadear palavras dentro dele. Perceba que existe um processo absolutamente fascinante, pois é graças ao pensamento que o homem se apropria da linguagem. E é graças à linguagem que o homem exterioriza o pensamento. Então, existe uma dupla dinâmica de apropriação e exteriorização. Neste momento, estou exteriorizando o pensamento através da linguagem. Mas, pode acreditar: ao mesmo tempo em que exteriorizo o pensamento através da linguagem, o próprio pensamento pressupôs a apropriação da linguagem – da qual eu me servi – do mundo. Novamente, a reflexão é bem articulada. Quer dizer: quando você nasce, você não tem nenhuma capacidade intelectiva e linguística. Você nasce zerado. Então, você começa a ouvir as pessoas falarem com você.

A maior prova que você nasce zerado é que você nunca se lembra de quando nasceu. Não é porque faz muito tempo. É porque você só se lembra das coisas que estão registradas em você. E na época, você não podia ter registro em você porque lhe faltava a linguagem para isso. Então você nasce zerado. Depois você começa a ouvir, ouvir, ouvir e, de repente, de tanto ouvir, por mera imitação, você balbucia. E balbucia quase sempre aquilo que você mais ouve. Certamente, "mamãe". Não seria "quiabo". Faça um experimento com seu próximo filho e nunca fale mamãe na frente dele. Certamente, essa não será a sua primeira palavra. Enfim, pouco a pouco você começa a articular "mamãe" com outra coisa. E você vai desenvolvendo uma capacidade de juntar palavras. Note que o próprio desenvolvimento do pensamento é linguístico. É isso que eu queria que ficasse claro.

Não existe *a priori* uma capacidade de pensar que *a posteriori* você recheia com palavras. Não existe uma estrutura inicial que depois você enche com palavras. Pensar é encadear palavras, portanto, aprender a encadear palavras é aprender a pensar. Não há nada no pensamento senão um processo de encadear signos. Note o quanto o pensamento é um processo apropriativo. Na hora em que você entende que o pensamento é um processo de apropriação, você percebe o quanto a sua consciência é dependente do mundo polifônico e social em que você está metido. Pois, se não houver nada a apropriar, não há palavra; se não houver palavra, não há pensamento; e, se não houver pensamento, você viverá como bicho. E provavelmente viverá pouco, porque justamente você, como bicho, será um bicho estranho que não saberá se defender. Nesse sentido, o pensamento é uma forma de apropriação da linguagem que é social. Esse é o primeiro movimento de Hegel.

O segundo movimento é que, além de você se apropriar da linguagem do mundo, você participa da linguagem do mundo. Você manifesta, discorre, fala. Veja só: a linguagem permite que o pensamento reflita o mundo e que o mundo reflita o pensamento. Um exemplo é a aula. Quando eu nasci, eu não poderia dar aula. Nunca. Pois nasci idiota de tudo. Mas fui lendo, fui lendo, fui encontrando mundos, livros, pessoas. Em função de tudo aquilo que eu li, hoje eu posso dar aula. Eu me apropriei e hoje eu exteriorizo. Portanto, a linguagem permite que o mundo contemple o meu pensamento. Mas a linguagem permitiu também que o meu pensamento contemplasse o mundo. Assim, linguagem é uma espécie de interface entre o interno e o externo, entre o mundo intrassubjetivo e intersubjetivo, entre o ego e a civilização. Um bocal de dupla conexão que permite que o individual seja social e que o social seja individual também.

O ponto de vista marxista

As reflexões de Rousseau e de Hegel permitem perfeitamente entender o ponto de vista marxista, no qual a linguagem é o que permite uma conexão fluida entre as bases infraestruturais e os cumes superestruturais da sociedade. É graças à linguagem que os meios de produção, os modos de produção e as forças de trabalho, patrocinam o direito, o Estado, a religião, o lazer, a moral, entre outros. E é graças à linguagem que essas superestruturas se comunicam entre si, constituindo um verdadeiro sistema. A linguagem é o fluido que engraxa o tecido social. Mas esse fluido não é neutro, porque nada é neutro na sociedade. Ele é o que é: socialmente determinado, politicamente determinado etc. E para que nós possamos entender, a partir de agora, qual é o verdadeiro papel da linguagem nessa relação entre a economia e as superestruturas, é graças ao conceito de ideologia que isso será mais possível e mais palpável. Depois da linguagem, a superestrutura ideológica. A ideologia, objeto da nossa inquietação a partir de agora.

É ideológico, meu caro Watson.

O que é ideologia? Em primeiro lugar, é preciso dizer que a ideologia na perspectiva marxista é uma entre várias possíveis. E é ela que nos interessa. Em segundo lugar, a ideologia é um elemento superestrutural da sociedade, isto é, a ideologia pode ser entendida, antes de mais nada, como um certo resultado das forças de produção e das relações de produção. Se você preferir, a ideologia pode ser entendida como resultado de uma luta de classe. Ou, ainda como um certo resultado da dominação de classe. Também, é graças à ideologia que a sociedade é como é. Então, se a economia é a estrutura metálica do prédio, a ideologia é o próprio cimento. A ideologia é a argamassa, é o *link*. É a que dá substância à sociedade. A ideologia está em todas as relações sociais, em todas as manifestações humanas, em toda a interpretação do mundo. Por isso, a ideologia é absolutamente central no materialismo histórico – ciência que estuda a história e a sociedade como elas verdadeiramente são.

O que é importante destacar é que, muitas vezes, contemplamos o mundo e, quando o fazemos, acreditamos que esta contemplação é natural. Acreditamos que as interpretações que fazemos das coisas que observamos no mundo são as únicas que poderíamos fazer. Acreditamos, portanto, que a nossa presença no mundo é um resultado estritamente biológico e orgânico. Pois muito bem, o conceito de ideologia permite entender que tudo aquilo que passa pela sua cabeça tem um viés ideológico, isto é, é o resultado de a sociedade ser como ela é. Quando você contempla uma árvore, você pode fazer em relação a ela uma série de reflexões, uma série de associações. Essas associações poderiam ser outras, mas foram as que você fez. Elas são o resultado daquilo que a gente chama de sentido da árvore, o significado da árvore. Pois o significado da árvore é ideológico, isto é, ele é o resultado de uma produção social de sentidos que obedece a uma certa dominação de um grupo sobre outro grupo. Em outras palavras, a ideologia, na visão marxista, deve sempre ser entendida dentro da lógica da luta de classe, da dominação de classe. E é nesse sentido que vou abordá-la.

Dois aspectos da ideologia

Na perspectiva marxista, a materialidade da ideologia tem dois aspectos: o primeiro é o de "ideia/representação do mundo". É um aspecto cognitivo, intelectivo. Toda ideologia é uma concepção de mundo, uma elucubração sobre o mundo, uma inferência que você tira dele. Mas, perceba, a ideologia não é uma explicação científica do mundo. A ideologia é uma reflexão sobre como o mundo deveria ser. É uma análise do mundo em função de como você acha que ele deveria ser. Portanto, toda a reflexão ideológica é de dever ser, e não de ser. Nenhuma ideologia é científica. Nenhuma ideologia se predispõe, simplesmente, a analisar o mundo como ele é, porque toda ideologia pressupõe uma reflexão sobre como as coisas deveriam ser e sobre como deveriam ser pensadas, interpretadas. Toda a ideologia pressupõe um certo valor que você dá para o mundo, a ideia de como deveria ser o mundo.

Portanto, qual é a primeira observação importantíssima quando se pensa em ideologia? A de que nenhuma proposta ideológica é verdadeira ou falsa, pois não se trata de verdadeiro ou falso. Uma assertiva é verdadeira ou falsa quando se dispõe a julgar o mundo. Por exemplo: o céu é azul. Verdadeiro ou falso, pois se dispõe a uma constatação do mundo como ele é. A ideologia não se dispõe a analisar o mundo como ele é. Se eu disser: "Deveríamos viver numa sociedade comunista onde não há propriedade privada e onde todos teriam a mesma dose de riqueza. Deveríamos distribuir a riqueza mais igualmente", ora, não cabe dizer verdadeiro ou falso porque isso não é da ordem do verdadeiro ou falso. Verdadeiro ou falso é "o céu é verde". Mas, o que deveríamos fazer, obviamente, não é verdadeiro ou falso. Portanto, "o céu é verde" não é uma perspectiva ideológica, mas, "deveríamos viver dessa ou daquela maneira" é.

A reflexão ideológica é, necessariamente, associada ao homem, pois só o que se relaciona com o homem poderia ser diferente do que é. Não adianta nada fazer ideologia do vento, pois o vento ventará do único jeito que puder ventar. Não adianta nada fazer ideologia da pomba, pois ela é o que é. Não adianta nada fazer ideologia da maré, pois ela é o que é. Não há ideologia na natureza. Só há ideologia na vida do homem, pois este vai além do gato e do pombo. O homem excede, transcende, inventa, cria. Poderia criar diferente, por isso a ideologia. A ideologia é uma produção do intelecto que o homem não para de fazer, porque, longe de ser científica, revela muito mais a necessidade que o homem tem de se adaptar no mundo. No fundo, ela é uma busca coletiva da melhor adaptação possível às condições materiais de existência. Então, a ideologia é recheada de desejos, quimeras, projeções, delírios, nostalgias, mitos e muito mais. Ela não é uma proposta de análise científica do mundo. Pelo contrário. É uma proposta de tudo. Essa é uma primeira perspectiva da ideologia: uma reflexão sobre o dever ser do mundo.

A segunda perspectiva é mais sofisticada. A ideologia, além de ser uma análise de como as coisas deveriam ser, é também um conjunto de práticas, hábitos, costumes e condutas.

Um mundo que não é ou um mundo que é?

Há, portanto dois aspectos. O primeiro é o pensamento: intelecção sobre o mundo. O segundo é prático: conduta, comportamento, ação. Ora, em que medida essas duas partes se imbricam? Eu não sei se você percebeu, mas existe uma aparente contradição: na parte intelectiva, a ideologia tem por materialidade um discurso sobre o mundo que não é. É um discurso sobre um mundo que deveria ser. Na parte prática, a ideologia traduz-se em práticas que são conduta, que são ação, que são comportamento. Então, como é possível que um mesmo conceito dê conta de uma reflexão sobre um mundo que não é – um mundo ideal, se você preferir – e de uma prática que é? Pois é. É que essa prática é transformadora de um mundo que é, num mundo que ainda não é. Por isso, então, estão perfeitamente imbricadas. Em outras palavras, é porque tenho um pensamento transformador do mundo, é porque quero chegar lá, que vou agir aqui. Ou seja, a ideologia está no meio e no fim. No meio está a ação, a estratégia, a conduta. E o fim, é onde eu quero chegar, que mundo eu quero fabricar, que finalidade eu quero buscar. Portanto, não há nenhuma contradição conceitual entre esses dois elementos. A ideologia é hábito, é pensamento, é reflexão.

Aqui eu gostaria de fazer uma observação: ambos os aspectos da ideologia são o resultado de uma base social e material muito clara, que são os meios de produção, a propriedade privada dos meios de produção e a dominação de classe. Assim, aquilo que o homem pensa que deveria ser o mundo é resultado de uma dominação de classe. E aquilo que o homem faz para alcançar o que ele deseja também é o resultado de uma dominação de classe. Vamos falar desses dois aspectos.

A dominação ideológica

Existe uma ideologia burguesa que é uma concepção de como o mundo deveria ser. Você se questionará: "Ué, mas se é o burguês que domina, ele já não deveria ter fabricado um mundo como ele quer?". Não necessariamente. Apesar de ser classe dominante, o burguês ainda não está em condições de fazer o mundo como ele gostaria que fosse, pois isso faria desaparecer a ideologia. E aqui eu chego a um ponto: muitos são os teóricos que falam do fim da ideologia. Em que medida haveria o fim da ideologia? Quando o mundo sonhado e imaginado se tornasse o mundo real. E quando é que o mundo sonhado se converteria num mundo real? Segundo alguns teóricos, globalização, a ideologia. A ideologia burguesa teria alcançado o seu mundo ideal. A bolsa de valores de Nova Iorque é uma aproximação fantástica dos mundos imaginado e real. Portanto, o mundo real teria se aproximado tanto do que o burguês acha que deveria ser o mundo que desaparece a ideologia burguesa, pois ela é substituída pelo próprio mundo. O mundo já seria a ideia de mundo. Não haveria por que elocubrar mais: "Alcançamos! *Paradise Resort*, 18 celulares, descartabilidade de tudo, superficialidade reflexiva, consumo desenfreado, dinheiro para tudo quanto é lado!...". As análises que os pós-modernos fazem no sentido do fim da ideologia surgem exatamente quando não há mais por que ideologizar o mundo. "Chegamos lá." É quando o real e o imaginado se confundem nas grandes catedrais do consumo, do bem-estar, da satisfação radical dos apetites que podem ser satisfeitos. Aí teríamos chegado ao ponto máximo.

Quando é que o burguês volta a ideologizar? Quando a quimera se afasta do mundo real. E isso acontece? É mais ou menos quando dá uma zica. Não é bacana quando dá uma zica? "Creck." E aí, na hora do "creck", o que acontece? O mundo, estúpido, se afasta do meu delírio. E então, é claro, eu continuo tendo que ideologizar porque agora o mundo se afastou. É o que eles chamam de crise. Crise é quando o homem descobre o ineditismo e a imprevisibilidade das coisas. E aí, claro, sempre haverá o mesmo cara que previu a solução do mundo falando, agora, da crise, até que nova fórmula se apresente. A ideologia, portanto, é uma quimera a respeito do mundo. Existe uma ideologia burguesa. Neste caso, o que você poderia dizer? Que, se existe uma ideologia burguesa, existe também uma ideologia proletária, um pensamento proletário. Um pensamento sobre como o mundo proletário deveria ser. Justamente, não existe. Não sei se você já se tocou, mas não existe.

Então, o problema é que a dominação burguesa é uma dominação ideológica burguesa. Ela é também física, porque a burguesia controla a polícia, o exército, as forças repressivas. Mas ela quase nunca as usa. O policial está a serviço da burguesia, mas quase nunca desempenha esse papel de força repressiva de classe.

Só em momentos muito raros e acalorados, a polícia e o exército mostram a sua verdadeira índole burguesa para pôr ordem nas coisas e colocar cada um no seu quadrado. Em uma desapropriação, por exemplo, a polícia garante que um tenha milhões de alqueires de terra e muitos outros, nada.

Então a dominação não é física e sim ideológica, pois a ideologia burguesa supera a ideologia proletária, porque esta (a ideologia proletária) não existe. O proletário compartilha da ideologia burguesa. É aí que você diz: "Ah, o proletário quer ser burguês!". Sim, verdade, pois ele compartilha dos valores burgueses. E mesmo quando ele faz ou pensa em fazer a revolução, mesmo quando ele pensa em modificar, mesmo quando ele pensa em aloprar, em subverter, ele pensa em subverter segundo os valores da burguesia, pois ele não tem valores para colocar no lugar. Por isso é fantástico o termo "direita mortadela": ela chacoteia o proletário que só tem a ideologia burguesa como referência e defende o mundo exatamente conforme o interesse do burguês, contra si mesmo, mas faz isso porque é a ideologia burguesa a sua única referência.

Estou brincando com você, porque na hora em que o Lula se vangloria em aumentar o poder de consumo do terceiro e do quarto escalões, isso é servir-se de um critério burguês, de um valor burguês, de uma ideologia burguesa para justificar uma reforma social. Quando eu não tenho nada para pôr no lugar, eu vou pegar um valor da burguesia e vou estender ao proletariado. Na perspectiva marxista, está se prestando um desserviço para a revolução. Na hora em que se deixa o proletário comprar nas *Casas sei lá o quê*, estende-se ao proletário a prerrogativa do consumo. Está-se desarticulando a luta de classe e, a rigor, fortalecendo a burguesia. É por isso que o Lula, numa interpretação marxista ortodoxa, seria um instrumento útil nas mãos da burguesia para manter as coisas como elas são, com uma aparência de fachada fantástica. Ou seja, na hora em que eu digo para o terceiro escalão que ele está consumindo mais graças a mim, eu estou reforçando um critério burguês de felicidade para garantir uma melhora na vida. Eu não estou dizendo: "Olha, eu não vou estender o consumo para vocês, pois esse negócio de consumir essas parafernálias todas só interessa ao dono das *Casas sei lá o quê*. Eu tenho é que dar uma vassoura para cada um de vocês para que arrebentem com tudo lá em cima". Não, não é isso.

Talvez por isso se justifique o apreço de muitos os que verdadeiramente têm dinheiro pelo Lula. Exatamente porque entenderam rapidamente que o Lula é ótimo para manter as coisas como elas são – isso visto numa análise estritamente marxista. E é por isso que eu dou risada quando alguém aproxima o Lula do marxismo. É totalmente alucinado. Eu diria que, rigorosamente, não tem nada a ver. "Mas eu estendi os privilégios às classes etc." Na verdade, ele estende a ideologia burguesa e, mais do que isso, garante que a ideologia burguesa seja de fato a única e que o critério do consumo seja indiscutivelmente o único para julgar a vida, o governo, a política pública, a ação social.

E então você fala: "Mas, professor, por que não existe uma ideologia proletária? Por que não existe uma concepção proletária de como deveria ser o mundo?". A resposta é simples: porque ele não detém a propriedade dos meios de produção. Em outras palavras, é porque o burguês detém os meios de produção que ele detém, também, as condições materiais de produção da ideologia dominante. E você perguntará: "Mas quem na sociedade produz a ideologia dominante?". A igreja, a escola, a mídia e tudo o que produz discursos na sociedade. E o burguês controla tudo. Então, é evidente que, por detrás da educação, da reflexão sobre como deveria ser o mundo, por detrás da moral, da religião, de tudo o que você imaginar como critério de definição do certo e do errado, há os interesses de classe e as condições materiais do burguês enquanto proprietário privado dos meios de produção.

A esperança do proletariado?

Como seria possível ser diferente? Quais as condições materiais da revolução? Conseguir com que o proletariado tivesse as mesmas condições: essa é a proposta de muitos, entre eles, de um romeno chamado György Lukács, que escreveu *História e Consciência de Classe*. Toda a sua proposta é no sentido de dar ao proletariado as condições materiais de produção de uma ideologia própria, de uma reflexão própria sobre como deveria ser o mundo.

No Brasil, Paulo Freire bolou um método de alfabetização de adultos a partir de uma consciência de classe e da necessidade de produção de uma ideologia própria do povo oprimido. Não havendo uma ideologia proletária, a ideologia burguesa se apresenta como a única possível, e a melhor maneira de você entender isso é concluir: "Nossa, eu nem sei como fazer para pensar numa ideologia que não esta que está aí. Eu nem sei o que o mundo precisaria ser para ser diferente do que ele é. Eu nem imagino como seria o mundo se não fosse do jeito que ele é". Então, acho que você entendeu que não é muito simples criar uma ideologia para concorrer com a ideologia burguesa – porque você nem pode imaginar como poderia ser. É sinal de que a ideologia burguesa tomou conta de todos os espíritos, e é por isso que Gramsci vai chamá-la de hegemônica. Hegemônica porque não tem rival. Não há enfrentamento possível, porque no mercado ideológico ela é única, ela detém um monopólio. E todos concordam sobre como o mundo deveria ser, dando, portanto, a impressão de que existe uma obviedade que diz que o mundo é muito bom bem do jeito que ele é.

Como eu posso propor uma reflexão crítica da ideologia burguesa se não há referência de oposição, se não há outra possibilidade? A dominação burguesa decorre de uma dominação ideológica muito particular. É uma vitória por WO.

Só há um entendimento sobre o mundo. Só há uma concepção de como o mundo deve ser. E esse é o estágio do capitalismo que hoje denominamos globalização. A ideia de globalização tem menos a ver com o fato de pegar o mundo inteiro – porque sabemos que a globalização não pega mesmo o mundo inteiro –, mas é global porque é único.

Agora, quando você tem só um entendimento de como o mundo deveria ser, não consegue enxergá-lo como dominante, porque fica se perguntando: "Mas, se esse é o dominante, onde está o dominado?". Sem dominado, descaracteriza-se o processo de dominação. Se você vê um homem batendo no outro, fica evidente a dominação. Se você não o vê, é muito difícil julgá-lo como dominante, posto que não há o dominado como contraste. Então, toda a hegemonia, paradoxalmente, esconde o processo de dominação. Se todos concordam que a vida tem que ser assim é sinal de que obviamente ela deva ser assim. Na hora em que desaparece a pluralidade ideológica, o mercado ideológico, a única concepção de mundo ideal remanescente perde a característica de uma possibilidade entre outras e passa a assumir a característica de verdade absoluta, de evidência indiscutível.

Não há como comparar, como contrastar, como enfrentar. Eu vou insistir nisso. Quando você tem cinco ou seis ideias sobre como deveria ser o mundo, você tem condições de perceber que uma é melhor do que a outra, perceber o enfrentamento, os interesses em jogo: perceber, portanto, a luta pela definição da ideia mais plausível. Se todos concordam a respeito de como devemos organizar o mundo – é esse o caso do mundo hoje, país a país –, ninguém tem nem muito como discordar, porque já não há mais muita soberania para decidir. Está tudo inscrito numa lógica global e interdependente. Você não pode mais espirrar fora da bacia, pois está tudo amarrado, está tudo dominado. A ideia de que está tudo dominado é uma ideia claríssima, ninguém mais pode pensar diferente, nem mesmo uma guerrilheira pensa diferente, nem o exilado no Chile. É só você ver como funciona a vida de um turista. Ele pode estranhar tudo, a comida, a bebida, as pessoas, o trânsito, mas a ideologia burguesa ele não vai estranhar nem um pouco. Ela será igualzinha à de casa. Todo mundo pensa igual, todos rezam pela mesma cartilha, e, na hora em que todos rezam pela mesma cartilha, desaparece a dominação por falta de dominado. Desaparece o forte por falta de fraco. Desaparece o diretor por falta de subalterno. Desaparece o norte por falta de sul. Desaparece, portanto, o contraste. E tudo vira hegemônico, global, indiscutível e, portanto, obviamente, desaparecem completamente todas as condições de um processo revolucionário.

Alguém poderia dizer: "Bom, quem é que destoa um pouco, muito mais pela fachada do que por outra coisa?". Você pega um cara como o ex-presidente da Venezuela. É claro que os meios de comunicação já se incumbiram de fazer a sua cabeça, então você não gosta dele. Pois é. Mas saiba que ele pisa, pelo menos um dedinho, fora da bacia. Ele discorda. Ter ido aos Estados Unidos dizer que ainda sentia o cheiro de enxofre do presidente, lá dentro, é um indicativo. Alguém irá dizer que é 90% *marketing*. Pode ser até mais. Talvez seja 99% *marketing*, mas tem 1% de desentendimento, de discordância. Então, você percebe que as fissuras são mínimas. São fissuras de aparência e, por detrás delas, existe uma pasmaceira de concordância geral que é a dominação ideológica na sua perspectiva mais ampla.

Já citei esse exemplo milhões de vezes, mas citarei novamente, muito rapidamente: certa vez, fui com a minha família a um restaurante caro da cidade. Quando saí do almoço, um rapaz foi buscar o meu carro, e o outro ficou ali e me perguntou se eu havia gostado do almoço. Eu respondi que sim, mas que havia achado caro. Ele me disse que sabia o quanto eu tinha gastado, que era mais do que ele ganhava em um mês. Então eu me irritei, pois a a constatação dele não foi uma constatação indignada. Foi serena. E o que quer dizer uma constatação serena? Significa que é perfeitamente normal que você gaste num almoço mais do que ele ganha em um mês. Eu perguntei por quê. E ele me disse que as pessoas que vão àquele restaurante são doutores. Eu calculei comigo mesmo e concluí que, doutor mesmo, naquele restaurante, talvez eu fosse o único (e também o único com dificuldade para pagar a conta).

Então eu indaguei: "Você acha justo que alguns tenham estudado tanto?". Ele me respondeu: "Acho. Pois não precisaram trabalhar". Aí eu fui me irritando e perguntei: "E você acha justo que alguns tenham que trabalhar desde criança?". Ele respondeu: "Acho. Os pais não têm como manter". "E você acha justo que alguns não possam manter os filhos?" "Acho", ele me disse. E assim foi a conversa. E, no final, o sujeito me disse: "E aqui é bem legal porque, no final do dia, quando sobra uma carne, eles dão para a gente fazer um churrasquinho". E aquilo me irritou. Então falei: "Você acha justo que você tenha que comer o que sobra?". "Pô, não estou nem pagando pela carne!" E você percebe que aquele sujeito é o primeiro a defender o mundo como ele é.

Você poderia pensar que a ideologia é uma produção burguesa para enganar o proletário. Não é, pois não existe cinismo. O burguês compartilha da ideologia. De certa maneira, o burguês é tão alienado quanto o proletário. Só que ele é beneficiado. O burguês é tão dominado quanto o proletário pela ideologia hegemônica, por este entendimento pasteurizado e comum de como as coisas deveriam ser. Não existe o "querer enganar" proletários hoje mais do que ontem. Não existe o "chegar em casa e sua mulher burguesa dizer que está orgulhosa de você por ter alienado 750 proletários em vez dos 500 de ontem".

Não existe isso. E é exatamente porque o burguês concorda muito mais do que discorda com o proletário que não há revolução nenhuma. E de onde vem essa concordância? Ela explica-se pelo fato de burgueses e proletários estarem expostos aos mesmos processos, às mesmas instâncias divulgadoras de como o mundo deve ser: a mídia, a escola, a igreja, entre outros. Também a telenovela.

A lógica da telenovela é perversa. A telenovela exclui os miseráveis mais ou menos um terço da população do Brasil está fora. E o pobre da telenovela é um pobre bizarro, é um pobre sueco. Porque o pobre na telenovela, eu me lembro de *Porto dos Milagres*, o pescador "Guma" tomava café da manhã na cama, com geleia, ovos fritos... Você toma café da manhã na cama com ovos e geleia? Que pescador é esse que tem a Camila Pitanga servindo omelete na cama? Que coisa mais louca! Na novela *Por Amor*, o pobre morava em Niterói. O filho era o Eduardo Moscovis. E a mãe do Eduardo Moscovis levou a filha para a Disney. Este é o pobre. Não é legal? E isso serve como uma escola. A telenovela dura exatamente um semestre escolar. E a lição de casa é bem feita, pois, depois de uma telenovela inteira, você aprende que o rico sofre muito e o pobre é feliz.

E quando é que o proletariado vai dar um pau na burguesia desse jeito? Nunca. Afinal, qual é a perspectiva revolucionária? Marx pondera: "Só haverá revolução quando se alterar a infraestrutura". Quando é que o proletário vai ter a ideologia própria? Quando o bem não for mais produzido em propriedade privada. Pois na hora em que não houver mais a propriedade privada não haverá o proprietário privado. E quando não houver o proprietário privado, desaparece a condição da dominação. A partir daí, como num passe de mágica, o burguês perderá também as condições materiais de divulgação do seu pensamento como hegemônico. Enquanto isso não acontecer, vamos vivendo do jeito que dá.

Sétimo Devaneio – Ideologia e dominação

Retomada

Falei da ideologia e observei que ela é parte da superestrutura. E, portanto, tentei mostrar para você que a ideologia está diretamente relacionada àquilo que pensamos sobre o que o mundo deve ser. E também disse que aquilo em que acreditamos que deva ser o mundo é uma espécie de grude social. É o que permite que as pessoas se relacionem entre si. Observei, então, que a ideologia tem dois elementos fundamentais: um elemento puramente imaginativo, intelectivo, de crenças, de representações sobre o mundo, de ideias sobre o mundo; e um segundo elemento prático, costumeiro, habitual. Um elemento de ação no mundo.

Ideologia e luta de classes

A perspectiva marxista da ideologia é indissociável da ideia de luta de classes. Marx inova ao mostrar que as coisas que passam pela nossa cabeça sobre como o mundo deveria ser – em termos de ideia de justiça, o que é o certo e o que é o errado – são inseparáveis da posição que ocupamos no mundo em termos de classe. É muito interessante você perceber que Marx está querendo mostrar que as ideias não se justificam por si próprias. Elas não se justificam por uma suposta veracidade, por uma suposta pertinência. É nisso que o pensamento marxista melhora o conhecimento da ideologia. A ideologia é uma ideologia de classe. E a ideologia dominante é a da classe dominante, já que a ideologia da classe dominada não chega a se configurar como tal. Existe uma supremacia da ideologia da classe dominante por falta de adversário, como vimos há pouco.

Certa feita, estava voltando de Brasília, onde ministrei palestra sobre a questão da qualidade de vida. Eu me esforcei para mostrar que a qualidade de vida era uma espécie de programa de existência apresentado como de qualidade. E eu me esforcei para mostrar que esse não é o único programa de vida de qualidade possível. Ele é um entre infinitos outros possíveis. E, para cada item apresentado como de qualidade de vida, eu apresentaria o seu oposto como qualitativo também. Isso produziu um desconforto imenso, porque a empresa que me pagou para palestrar tem um programa de qualidade de vida que é o seu principal programa de vínculo social. Então, contratam um mala que vai dizer que qualidade de vida é uma ideologia hegemônica, uma forma contemporânea de travestir a ideologia da classe dominante, uma forma ultracontemporânea de apresentar um programa existencial como indiscutivelmente bom. Imediatamente, lembrei-me de Engels, que diz que a única e verdadeira luta que está por trás de todas as outras na sociedade é a luta pela definição da prática feliz. Se você pegar as capas de revistas semanais você perceberá o quanto essa luta está presente no alto escalão do mundo do capital. Basta pegar qualquer revista, qualquer mídia que se volte ao mundo corporativo. A questão está presente em todas. Quase nunca como debate, quase sempre como imperativo.

Em outras palavras, existe um programa de mundo ideal que é apresentado pela classe dominante e que não enfrenta adversário. Essa ideia de hegemonia aponta para a falta de enfrentamento. É quando o mercado ideológico se transforma em monopólio ideológico. E quando isso acontece? Quando você não tem outra ideologia para comprar. Quando só há uma à venda. O mundo contemporâneo é um mundo de concordâncias passivas. De obviedades e de evidências indiscutidas. Essa perspectiva da ideologia hegemônica é muito clara.

Um segundo aspecto da ideologia é o prático. Em outras palavras, a ideologia não é só imaginação, não é só quimera, não é só crença compartilhada. A ideologia é também comportamento. Então, é fundamental entender que, na perspectiva marxista, o comportamento do homem em sociedade não é determinado pela atividade intelectiva. Tanto a crença quanto o comportamento são explicados por uma situação concreta de existência que tem a ver com a produção de bens materiais. Não é porque eu penso A que eu me comporto A. Não. Tanto o que eu penso quanto o que eu faço são explicáveis pelas condições sociais de vida na sociedade. É porque a sociedade é como ela é. É porque a vida na sociedade é como ela é. Porque a produção de bens é como ela é. O pensamento é como ele é. E a conduta é como ela é.

Portanto, o que o materialismo histórico ajuda a derrubar? A convicção idealista de que o comportamento é o resultado da reflexão, perspectiva cuja raiz se estende até Epicuro: pensar a vida e viver o pensamento, como se tudo fosse uma questão simplesmente moral. Sim, você pode até achar que seja isso. "Mas eu, que sou cientista, sei que você não encontrou as verdadeiras causas" – dirá o materialista histórico. E continua: "A verdadeira causa da sua conduta não é o seu pensamento, mas tanto o seu pensamento quanto a sua conduta têm outra verdadeira causa que você, que não é cientista, não tem como encontrar".

O corpo causa

O materialismo histórico traça uma fronteira entre a percepção ingênua das coisas e a percepção científica das coisas. E essa fronteira é muito importante. Quem gostava muito de retomar essa ideia foi o professor que orientou o meu doutorado, Pierre Bourdieu. Ele fala o tempo inteiro do olhar ingênuo sobre o mundo, que é o olhar ideologizado do mundo, a perspectiva inocente que todos têm quando vivem em sociedade. E, em contrapartida a este olhar ingênuo, há um olhar de quem vê a coisa de fora e identifica as verdadeiras causas de tudo ser como é. Então você vai me perguntar: "Em termos concretos, de que forma uma prática pode ser socialmente explicada?". A primeira ideia fundamental é você entender que a ação humana é, em grande medida, determinada por um estado do corpo – do corpo que age. É preciso que você entenda que os afetos, os desejos, as alegrias e as tristezas são, na verdade, o grande motor das condutas humanas. Esse é o primeiro passo.

Se você disser para mim: "Eu decidi que ia comer um bolo de chocolate, então eu comi" e imaginar que o seu pensamento foi anterior à ação, retrucarei à maneira do materialista histórico, só para o provocar: "Sim, você decidiu que ia comer um bolo de chocolate, mas essa decisão não tem a sua origem aí. Essa decisão é determinada por inclinações do corpo e pela relação delas com o que passa na sua cabeça, mas você não enxerga bem nada disso".

Um materialista histórico é aquele que percebeu que você não consegue estabelecer o *link* de causalidade entre a alegria de pensar o bolo e a decisão de comê-lo. Para entender melhor, trago à conversa Nietzsche, que disse que a consciência é o conteúdo de uma garrafa vazia num oceano em maremoto. Você está dentro da garrafa e não consegue entender por que a garrafa mexe do jeito que mexe. No dia em que a própria consciência entender por que ela é como ela é, a causa da consciência virou consciência. Paradoxo ontológico. É uma dificuldade enxergar fora porque , em definição, se está dentro. Então, não é possível relacionar o que está fora da consciência e é puramente afetivo e o que é consciência, pensamento, intelecção e que vai virar conduta. Esse é o primeiro passo que é preciso considerar. As emoções são o grande motor da conduta no mundo. Até porque, para agir, você precisa de energia, e essa não é racional. A razão não é energia; muito pelo contrário: a razão consome energia. E, para você agir, você precisa de energia, e ela é de natureza afetiva.

– E o pensamento, onde entrou?

O pensamento existe para justificar inclinações do corpo que são as que são. Ou seja: o seu corpo se inclina para o bolo de chocolate, e a sua razão vai encontrar um meio de justificar para você e para o mundo que você irá comer o bolo de chocolate. Portanto, o pensamento é uma consequência de uma disposição física. É um elemento justificador ou legitimador para você – e para qualquer um – dos motivos que o levam a agir como age. Na perspectiva que é a nossa, materialista, jamais o pensamento pode ser a origem da ação. Porque o pensamento requer caloria. Quem já foi para um SPA sabe do que eu estou falando. Passe 15 dias em um SPA a 300 calorias por dia e você começa a ficar idiota. Posso lhe garantir porque eu já fiz isso. Eu não consegui entender textos que eu mesmo escrevi (embora isso, às vezes, aconteça mesmo fora de um SPA).

Então, a atividade intelectiva requer energia. E o que estamos propondo aqui é que toda prática é afetivamente explicável.

E os afetos, são consequência do quê?

Se eu me inclino diante de determinado mundo, se eu passo a desejar determinado mundo, é porque esse mundo apareceu na minha frente ou foi cogitado por mim. Em outras palavras, os meus afetos existem como tais porque o mundo que me cerca é o que é. Eu não posso entender porque eu me alegro ou me entristeço com certas coisas se eu não entender porque essas coisas existem. Eu tenho que estudar a materialidade da minha vida no mundo para entender a materialidade das minhas afecções, pois não tem como entender por que eu me alegro. É no mundo concreto que você tem os encontros que determinam as afecções. Uma mulher lhe despertou desejo? Não há como entender o desejo por ela, se não houver ela. Em outras palavras: se eu tenho afecções na sociedade, é na sociedade que eu tenho que buscar.

Se eu quiser saber sobre o mundo que me alegra, eu tenho que investigar o mundo em que eu vivo. Será que eu deveria começar pelo Sri Lanka? Não, pois eu não vivo lá. Nunca estive lá. Seria estúpido começar a estudar os meus afetos pelo Sri Lanka. Embora tudo seja globalizado, talvez fosse mais útil começar por algum lugar mais perto. Então você pode começar por onde você vive.

Já sei um lugar legal para um exemplo: um cartório. Vou começar por ele para que você entenda por que se alegra como se alegra. Então você dirá: "Não sei se a estratégia é boa. Eu não tenho muito a ver com cartório. Eu só fui uma ou duas vezes e fiquei o mínimo possível". Pois isso já significa algo. Você tem que buscar o mundo que o afeta positivamente, onde é mais recorrente o seu encontro. Como se fosse traçar um orbital de probabilidade de presença no mundo. Essa ideia do orbital é fabulosa.

E o que é o orbital? É o lugar onde o elétron mais provavelmente pode estar. Pelo menos segundo o modelo de Rutherford Bohr. Então, qual é o meu orbital? Marx dirá: "O do burguês é a burguesia, e o do proletário é o proletariado". Esse foi o recorte que ele propôs. Um recorte de classe. Então, se eu quiser entender por que eu ajo do jeito que eu ajo, eu tenho que entender a que classe eu pertenço. É através do estudo da classe social que eu vou entender as minhas práticas. É o pertencimento a uma classe social que vai permitir entender o que eu penso do mundo e a minha prática, a minha conduta, o meu comportamento. Porque é na classe burguesa (ou na proletária) que eu me alegro, que eu me entristeço, que eu me deixo afetar. Portanto, é a classe burguesa o espaço legítimo de explicação dos afetos que determinam as minhas inclinações no mundo.

Por esta razão, eu devo fazer uma investigação de classe para entender os cacoetes, os costumes, as práticas e as recorrências da minha conduta no mundo. Assim, fica evidente que você poderia concluir que eu, porque fui socializado na burguesia, tenho um comportamento burguês, tenho um jeito burguês de ser. Você sabe que isso faz sentido porque tem até música falando de burguês, porque há jeitos de ser que são tipicamente burgueses. E, de certa forma, você aceita que o orbital classe social seja legítimo para entender práticas e costumes que são definidos nessa classe social. E pessoas tentarão adquirir esses hábitos não pertencendo à classe, e se denunciarão logo como ridículas, sem berço etc. etc.

É claro que os afetos são sempre singulares porque o seu corpo é singular. Mas eu também não posso saber como você se afeta se não entender o mundo que o afeta. Porque, se você partir para uma radical singularidade de tudo, não se faz ciência, já que a ciência pressupõe recorrências, leis gerais, e você tem que criar generalidades. Talvez abusivamente. Talvez a ciência seja mesmo um estupro do real, como diz Foucault na "Conferência I – A verdade e as formas jurídicas". Talvez o real não se deixe estudar. Talvez a ciência seja uma impossibilidade. Mas, na hora em que eu for fazer ciência, eu tenho que buscar recorrências. Você é singular, mas o espaço que o socializa não é. Por isso é importante buscar pontos de tangência nesses processos socializatórios, que são processos de classe. Então, a classe social é o espaço de definição de crenças e convicções do certo e do errado.

Suponhamos que tenha sido divulgada uma pesquisa de popularidade do ex-presidente Lula. No nosso exemplo hipotético baseado em fatos reais, se juntássemos excelente, ótimo e bom, sobrariam só uns 8 ou 10 por cento. Mas, se você vier confirmar a pesquisa em algum desses novos *shoppings*-escritórios-clubes-residências que estão inaugurando em São Paulo, instalando uma banquinha ali na porta e perguntando para as pessoas o que elas acham do presidente Lula, é possível que você encontre reações que desmintam esta cifra largamente. Isso seria sinal de que existe um fenômeno de classe na apreciação do presidente Lula, pois nos lugares aonde você vai todos falam mal dele. Só que a pesquisa ampla da televisão diz que 90 por cento das pessoas gostam dele.

Diga-me com quem andas, mas recorte direito

A perspectiva marxista é aquela que, se eu não entender a inscrição e o pertencimento de uma classe social, eu não entendo nem as crenças dessa classe, nem a ideologia no seu aspecto de representação de mundo, nem a ideologia no seu aspecto prático, concreto, habitual, de costumes, práticas e jeitos de ser. Eu só acrescento um elemento muito importante nessa reflexão que é o de que o corte por classe social não é o único possível. E, de certa maneira, eu aprendi a enxergar a fertilidade em outros tipos de recorte. Como, por exemplo, o conceito de campo, de Bourdieu.

Bourdieu – que é em grande medida herdeiro de uma tradição marxista – propõe que, se você recortar a sociedade de maneira diferente, você terá mais e melhores condições de estudar as crenças e as representações, bem como as práticas de um determinado agente social. Então, ele propõe a divisão da sociedade em campos, como o jurídico, religioso, jornalístico, publicitário, da política, econômico, e assim por diante. Ele procura mostrar que tais campos são relativamente autônomos e são espaços de relação social, socializadores também, onde se definem crenças e práticas próprias. Poderíamos pensar num jeito jornalístico de ser. E você sabe que existe. Poderíamos pensar num jeito jurídico de ser. E você sabe que existe. E muito. Um jeito publicitário de ser. Acadêmico de ser. E você percebe, então, que os campos seriam novos tipos de orbitais nos quais você mais provavelmente pode estar. Eu poderia dizer para vocês que eu sou muito mais acadêmico do que burguês, comparando essas duas formas de análise. O meu pertencimento ao mundo universitário é muito mais definidor do meu jeito de ser do que a classe social a que eu pertenço, que é, certamente, na perspectiva ortodoxa, o proletariado. Eu sou um vendedor da força de trabalho e, para quem explora o meu trabalho, eu sou um clássico proletário da educação. É evidente que o pertencimento ao mundo acadêmico é muito mais revelador do meu jeito de ser.

Então, o que Bourdieu propõe é que, tal como nas classes sociais, o campo social é um espaço de enfrentamento, é uma arena de luta pela definição do entendimento legítimo do mundo, de como o mundo deve ser. Então, todo campo tem dominantes, que são aqueles que têm mais poder dentro dele, que estão mais próximos dos troféus do campo; tem dominados, que são subversivos, querem mudar a estrutura interna do campo, a estrutura de distribuição do capital específico do campo; tem pretendentes que querem entrar no campo e não conseguem ou conseguem de vez em quando. Portanto, todo esse campo é um espaço movediço, de posicionamentos e reposicionamentos, que permite o entendimento do porquê de uma certa ideologia ser ou não dominante. Ora, o que você percebe é que o campo, portanto, passa a ser um espaço legítimo de definição do justo e do injusto, do certo e do errado, do honesto e do desonesto, do aceitável e do não aceitável.

Muitas vezes, percebe-se a indignação da sociedade com certas práticas dos profissionais da política. E essa indignação vem do fato de não perceberem a relativa autonomia do campo político para definição da aceitabilidade das suas práticas. Quer dizer: para você, de fora, aquilo parece aberrante, mas quem é profissional da política irá explicar a você por que aquilo é daquele jeito. Você poderia me dizer que não deveria ser assim. Sinto muito, mas é assim.

Da mesma maneira, o campo jornalístico também é um espaço de definição de regras do aceitável e do não aceitável. E quando você rompe as regras você é jornalisticamente punido. O campo publicitário, o campo acadêmico, estes também são espaços legítimos de definição do que é aceitável e do que não é aceitável dentro do mundo dos produtores de ciência. Então, você percebe que existe outra forma de estudar a gênese das ideologias, que não é classista, mas é campista. É dentro desses novos espaços que você encontra maior fertilidade explicativa nas tomadas de posição social, nas práticas sociais etc.

Finalmente, Bourdieu defenderá que cada campo social acaba patrocinando certos costumes, certas práticas que se naturalizam. Ele chama este fenômeno de *habitus*. Existe um *habitus* jornalístico e ele é evidente. Basta olhar para um jornalista para identificar nele o *habitus*, pois ele tem um jeito de falar, um jeito de se vestir, um jeito de ser. Existe um *habitus* acadêmico, um *habitus* advocatício. E onde esta prática – que é a parte prática da ideologia – se forja? Na socialização interna ao campo, que tem relativa autonomia frente a outros campos.

Gostaria de observar que essa divisão da sociedade em campos é respeitadora de um certo marxismo. Marx fala de "regiões ideológicas", ou seja, da religião – que é uma obsessão –, da moral, do direito. Ele diz que, muito embora a ideologia seja uma ideologia de classe, sempre a ideologia dominante é a da classe dominante. Uma vez dito isso, existe uma grande margem de autonomia nas ideologias para poderem ser diferentes do que elas são, efetivamente. Em outras palavras, a determinação econômica é relativa. Então, o Direito poderia ser diferente do que ele é, e continuará burguês. Na "hora h", o deputado pode escolher a lei A ou a lei B. E ambas continuarão dando conta de uma dominação e de uma hegemonia burguesa. De certa maneira, na hora de legislar você não pode dizer que a Câmara dos Deputados votou de uma maneira porque a burguesia oprime o proletariado. Se tivesse votado de outra maneira (porque um deputado mudou de lado, por exemplo), continuaria sendo o resultado de uma dominação de classe que poderia ser diferente do que é. A religião poderia ser diferente do que é, o Direito, e, ainda assim, seriam explicáveis por uma questão de classe. Continuaria sendo uma ideologia de classe.

Eu gostaria muito de avançar nesta questão da dimensão prática da ideologia. Ela é a parte mais encantadora, pois, quando você pensa em uma transformação ideológica, em uma mudança de maneiras de pensar, em uma revolução, a parte mais fácil é fazer as pessoas mudarem de ideia. "Eu achava que o certo era isso, agora eu acho que o certo é aquilo." Essa é a parte mais fácil.

A parte mais difícil é você mudar práticas arraigadas, convertidas em hábito, e que são absolutamente coerentes com representações e ideias de mundo anteriores. Nesse sentido, eu repito, você encontrará páginas e páginas de *O Capital* comentando esta ruptura entre a dimensão representativa e a dimensão prática da ideologia. Ou seja, estou convencido de que mudei de ideia, mas, na hora de agir, continuo agindo como se pensasse da maneira anterior. Marx comenta: "Qual será a grande dificuldade para o verdadeiro processo revolucionário?". Certamente não é convencer as pessoas de que a sociedade capitalista é injusta, porque isso é uma obviedade. Eu não preciso gastar uma caloria para convencer você de que a sociedade brasileira é uma sociedade que patrocina um verdadeiro asco de distribuição de renda, em que alguns têm acesso à saúde privada e outros se dão mal; que existe uma educação privada de elite e uma educação pública cada vez mais indigesta, indigna, medíocre. Agora, daí a aceitar uma mudança de práticas, a aceitar uma alteração no seu jeito burguês de ser, isso é outra história. Pense na questão das bicicletas: Ninguém é contra, mas querer mesmo as ciclofaixas, só os "ativistas". O burguês vai mesmo é continuar estacionando onde ele estacionava, sendo o chão vermelho ou não.

Porque a perspectiva marxista é bem essa: é muito mais tranquilo um convencimento intelectivo do que uma revolução de costumes, de práticas etc. É por isso que, durante muito tempo, acreditou-se que a dominação burguesa deveria ser seguida de uma ditadura do proletariado. E por que uma ditadura do proletariado? Certamente, não é para convencer as pessoas de que a dominação burguesa era ruim. Disso elas já teriam se convencido. É preciso uma fase longa, que é uma perspectiva de natureza propriamente prática. É preciso mudar comportamentos. Certamente, vocês já ouviram falar em Mao Tsé-Tung, na

Revolução Cultural. Ele também defendia a mesma perspectiva. É preciso uma fase. Mudar uma ideologia, revolucionar uma ideologia não é fácil. Não porque as pessoas não mudem de ideia, mas porque elas não mudam de comportamento, de estilo de vida ou de maneira de ser. A parte propriamente prática da ideologia é a mais reativa, a mais emperrada, a menos permeável a grandes transformações.

E sobre ideologia poderíamos continuar falando até o fim da vida. E seria muito auspicioso que você lesse o pequeno grande texto da professora Marilena Chauí, *O que é ideologia*, da coleção Primeiros Passos. Não se iluda com o nome da coleção. É um pouco mais do que só os primeiros passos, porque você terá uma ideia do quanto a perspectiva marxista de ideologia é uma entre outras. Para aquele que quiser ir um pouquinho mais além, Terry Eagleton tem um livro enorme sobre ideologia, em que ele a comenta nos mais diversos pontos de vista. É um lindo livro. Terry Eagleton era amigo do meu orientador, e eu o conheci muito proximamente. É uma figura absolutamente encantadora como professor.

E, para você entender uma terceira perspectiva de ideologia, só para lhe mostrar o quanto me incomodo com esse tema, recomendo um livro que eu adoro, do John B. Thompson, chamado *Ideologia e Cultura Moderna*.

Resumindo a perspectiva da revolução no sistema capitalista: o capital se concentra; o detentor do capital é cada vez menos numeroso e cada vez mais rico; o outro grupo é cada vez mais numeroso e cada vez mais miserável; conclusão óbvia: vai chegar uma hora em que o grupo mais numeroso vai dar uma porrada no grupo menos numeroso. Mas isso nunca aconteceu. Então, toda a reflexão sobre a ideologia decorre desta problemática: por que a revolução nunca aconteceu? Naturalmente, ninguém poderia dizer que é porque o burguês detém a força física. Não, porque a luta de classe raramente se resolve na briga. Então, é evidente que, se não há a força física, é porque ela não é necessária. E, se não é necessária, é porque o proletário não reivindica transformações importantes nessa relação. E não reivindica, talvez, por não se enxergar como dominado. E se não se enxerga assim, talvez seja porque a dominação ideológica tenha mesmo essa característica: será tanto mais eficaz quanto menos percebida como dominação.

A cegueira

E por qual razão o proletário não se percebe como dominado? Rigorosamente, por não enxergar as discordâncias viscerais que tem , como, por exemplo, não enxergar a exploração do trabalho. E se não enxerga é porque muito mais concorda com o burguês do que discorda. Muito mais se associa do que se opõe a ele. É possível, então, imaginar que burgueses e proletários compartilhem de uma mesma visão de mundo. É possível, também, imaginar que cada vez mais burgueses e proletários compartilhem de certa prática, de certo hábito, de certa moral, se você preferir. Ora, a partir daí não há por que resolver as coisas na briga. Então, a ideologia é um grande objeto de investigação graças à falência da revolução tão esperada. E como uma situação de tamanha injustiça não leva a uma revolução? Não leva porque existe um compartilhamento que é de concepções de mundo, que, por sua vez, é de natureza ideológica. Dominação ideológica. E qual é a graça da dominação ideológica? Ela é infinitamente mais eficaz do que a física, infinitamente menos custosa que a física, infinitamente mais segura que a física. Porque dominar fisicamente é cansativo e chama a atenção. Mas ideologicamente, não. Sobretudo quando você, que é o dominante, não se enxerga como tal. Não se enxerga como explorador, como injusticeiro. Tanto eu quanto você, tanto dominante quanto dominado, compartilhamos de verdade, sem cinismo, um jeito de pensar o mundo, as coisas, e a vida.

Agora fica claríssimo o que é a ideia da qualidade de vida. Pois, no lugar de falar vida de qualidade, na qual cada um vai buscar a sua, a qualidade de vida é ostensivamente um programa existencial universalizante. E agora você entendeu que a qualidade de vida é tecnologia de ponta da dominação ideológica. Afinal de contas, quem poderia discordar de uma qualidade de vida, se, na sua própria nomenclatura, ela é obviamente boa?

A interpretação marxista para qualidade de vida é parte integrante de uma ideologia hegemônica ultraeficaz, indiscutível, porque é impossível de ser contrastada. Não há qualidade de vida 1 e 2. Só há uma, cujos critérios já foram estipulados. E nós chegamos ao absurdo de ter que aceitar que nos digam quando a nossa vida é boa ou ruim. Eu, por exemplo, só ouço que minha vida está no caminho errado. E parece perseguição! É nos momentos de maior êxtase que aparecem os mais ferrenhos fiscais da vida alheia! Para além das nossas sensações, das nossas alegrias, das nossas tristezas, dos nossos afetos, querem que engulamos a vida que devemos viver, pensada por alguém que nunca vimos nem nunca veremos.

O exemplo que eu mais tenho aperfeiçoado é o do churrasco, pois a quantidade de quilos de carne é elemento da qualidade de vida. Você vai a um churrasco e se empapuça de carne. Neste meio tempo a sua mulher está lhe traindo atrás de uma moita. E quando você descobre que a sua mulher está lhe traindo, você se entristece a ponto de pensar em abreviar a sua existência, empapuçado de linguiça. E você terá que admitir que, pela quantidade de carne que comeu, você só poderá estar na qualidade de vida Top A. E, se me entristeci com a minha mulher, há um erro na tristeza. Talvez o mesmo erro que sintam os suicidas de Estocolmo, que vivem na capital do mundo de maior qualidade de vida. Eles se entristecem errado, suicidam-se errado? Precisam ser educados. Afinal, pensará um propagandista da qualidade de vida, quem são eles para se suicidar em um lugar onde a vida é tão boa? Espero que tenham entendido a ironia. Pois, se houve o suicídio é porque estavam dramaticamente tristes. Mesmo após terem comido carne. Mesmo tendo ônibus que passa no horário. Mesmo tendo empresa que dá sorvete de graça. Ou mamão. Ou banana, o mais comum de uma empresa lhe dar. Tudo impecável. ISO 9008 da qualidade de vida.

Estou falando de poder travestido de obviedades. Dominação simbólica é isso: é o arbitrário travestido de neutro. Eu higienizo o apetite em nome de uma verdade indiscutível e absoluta. Então, em vez de dizer: "Eu gostaria que todos rezassem pela minha cartilha", eu a tiro de campo e a chamo de qualidade de vida.

Os pós-marxistas foram além de Marx, porque Marx ainda era ingênuo a ponto de acreditar que a ciência o levaria a uma verdade indiscutível. Os outros que o seguiram foram além, dizendo que a ciência é uma superestrutura como qualquer outra e está a serviço de quem paga. A evidência disso aparece quando você se mete a fazer um pouco de ciência. E você percebe que, para fazer ciência, você precisa ter bolsa de estudos, e as bolsas vão para as zonas de fomento. E se, porventura, você quer pesquisar alguma coisa que não está na zona de fomento, você acaba concluindo que está desalinhado com os verdadeiros interesses da sociedade quanto à ciência. E quais são esses verdadeiros interesses? Os que o dominante determina.

Ainda os hábitos

Você tem dúvidas sobre essa história de "hábitos", ou, como diz Bourdieu, *habitus*? Então, vou dar um exemplo que me é muito familiar, que é o campo jornalístico. Mais precisamente, o meu campo de pesquisa é ética e mídia. E não somente porque eu estudei jornalismo, mas porque o fazer jornalístico é objeto da minha reflexão universitária. Por isso, a prática jornalística é objeto da minha pesquisa, e por isso eu pedi para jornalista falar sobre o próprio trabalho. E vou dar algumas declarações para ajudá-lo a esclarecer o que é o *habitus*.

Jornalista 1, que eu entrevistei: "Eu fazia a *Folha* com os olhos fechados. Quando eu fui para a Abril, é como se tivessem tirado o meu chão". Não preciso ir além.

Jornalista 2, que eu entrevistei: "Quanto eu estou de férias, eu não posso me impedir de enxergar quando alguma coisa acontece, o lugar da notícia na *Folha*, a foto que vai sair, a manchete que vai sair".

Terceiro exemplo. Esse é particularmente significativo porque é de uma pessoa que trabalha na *Folha* e que também era presidente da comissão do provão de jornalismo. Ele deu a seguinte declaração: "O problema do aluno, quando vai começar a trabalhar como repórter, é que ele não tem reflexo de pauta". Eu perguntei o que ele queria dizer com isso, e ele me respondeu: "No jornalismo como é feito hoje, você não pode pensar para saber se um tema é pauta ou não. Isso tem que ser imediato, intuitivo. Quando você tem que pensar para saber qual é a pauta, você está fora do *timing* do jornal".

O que isso significa? Que, quando você é jornalista, você tem jornalismo no sangue, e a pauta está na pele. Você não precisa pensar. É óbvio. É imediato.

– Como assim a pauta está na pele? Isso não é sarna!

É que, na verdade, quando você é jornalista, você faz jornal todo o dia. E por fazer jornal todo o dia você acaba, sem precisar pensar, associando certos fatos a certos valores jornalísticos. Depois de um tempo, você não precisa mais pensar, pois a pauta é óbvia. E o que é mais legal: como é social, todos concordam, todos compartilham, dando a impressão de que aqueles fatos são indiscutivelmente relevantes quando, na verdade, eles são só o resultado de uma socialização comum. Você percebeu que o hábito permite a você agir sem precisar pensar? Como diz Bourdieu, "é uma orquestra sem maestro".

O *habitus* decorre de uma socialização interna a um campo que, como é muito comum a vários agentes, faz com que as práticas comuns sejam entendidas como as únicas possíveis, óbvias, obviamente pertinentes - quando, na verdade, só são fruto de uma convenção da qual você não participou, mas da qual você é vítima. Apesar de eu ter muita familiaridade com o campo jornalístico, este não é o melhor exemplo para entender o *habitus*, pois este campo está longe de ser o mais estruturado.

Um campo é bem estruturado quando ele tem troféus. O valor dos troféus é compartilhado por quem joga aquele jogo, pois entende como o troféu é valoroso, e este valor não precisa ser demonstrado, pois ele é óbvio para quem joga. E tem dominantes, dominados, pretendentes etc. É evidente a ideia do campo. Bourdieu fala do campo da alta costura: Yves Saint Laurent, Pierre Cardin... E tem o troféu deste campo que só faz sentido para quem é estilista. Pois, o que eu faria com um troféu de estilista?

Também há a questão do campo acadêmico, que eu sempre conto. Passei muito tempo da minha vida dando aula em faculdades que não eram públicas e querendo entrar na USP. E, um dia, abriu vaga. Então pensei "é agora!". E o meu filho, ao me ver estudar, me perguntava: "Quanto você vai ganhar?". E eu dizia: "Menos". "Quer dizer que você está ralando aí para ganhar menos? E por quê?" "Porque a remuneração do campo acadêmico não é salarial. Porque o capital acadêmico não é econômico. Ele é simbólico." E por isso as pessoas se estapeiam para ganhar menos. E isso faz muito sentido para quem joga esse jogo. E então você faz livre-docência e é vítima de uma carnificina para ganhar menos. Porque o troféu, esse só entende quem joga. Então, do mesmo jeito que há um *habitus* jornalístico, há também um *habitus* acadêmico.

Mas acredito que o campo jurídico seja o mais evidente, já que, quando você entra na faculdade de Direito, esta é uma preparação de ingresso ao campo. Você começa a ser adestrado desde o primeiro ano: a sala é diferente, o professor é pomposo. Quando se está no quinto ano, depois de alguns anos de estágio, você já é um bicho jurídico. E você encontra outros bichos jurídicos o tempo inteiro. E tudo faz sentido, pois vocês são iguais. É aquela coisa de pele. Mas não é pele, é sociedade - mas se quiser chamar de pele, chame, pois "a sociedade vira corpo", diz Bourdieu. A sociedade incorpora de tal maneira que você tem reações sociais, mas que são socialmente construídas.

Por exemplo, o ruborescimento em uma situação de ridículo. A situação de ridículo não é ridícula em si. Ela é ridícula como uma convenção. E, no entanto, você ruboresce porque você é sociedade feita corpo. O seu corpo é socializado, é adestrado, é docilizado, é preparado pela sociedade. Então, você transpira numa situação socialmente periclitante, mas não teria que ter nada a ver. A sociedade tem as suas convenções, e o seu corpo é o seu corpo. No entanto, tem, pois o seu estômago é socializado, o seu intestino é socializado, não é só o que passa na sua cabeça. E é por isso que você chora por um ridículo social. É por isso que um pertencimento a uma sociedade é explicativo dos afetos, porque o mundo que o afeta é outro. Portanto, não há um segundo de presença no mundo que não seja socialmente preparado. Existe um curso no qual eu trabalhei cinco anos, que forma jornalistas, cujo nome é "Adestramento de Focas". E a imagem é de uma foca com uma bola no nariz. Então, a perspectiva óbvia é a de ensinar a ter reações, pois a animalidade está explicitamente apresentada. E saiba que, quanto mais você precisar pensar, menos adequado estará às necessidades profissionais que são as nossas.

Na política, quando você vai agir como servidor público – sinto-me à vontade de falar nisso porque prestei concurso, fui servidor público durante um certo tempo. Fui xavecado para a corrupção em média uma vez por semana, em um ano e meio de trabalho em Brasília (que foi o tempo que durou o meu saco). Então, dá umas setenta, oitenta vezes. Passa pela sua cabeça, num primeiro momento, um benefício. E esse benefício, na sua cabeça, determina em você um ganho de potência. E o ganho de potência, acompanhado de uma ideia que lhe dá causa, denomina-se "esperança". Então você tem esperança. Que é uma espécie de alegria determinada por um mundo imaginado, que é o ganho imaginado daquela conduta corrupta. Então passa pela sua cabeça o ganho. Só que, como toda a esperança, vem acompanhada de temor. Por isso é que os estoicos diziam que viver na esperança é uma merda, porque não tem como viver só na esperança. Viver na esperança é viver no temor. E passa pela sua cabeça o custo moral, em um primeiro momento. E esse custo moral é você se entristecer com uma conduta que você julga deprimente. É o que, na filosofia moral, se chama indignidade. É você se entristecer com você mesmo.

O segundo medo é institucional, na minha opinião. É uma exoneração. Você trabalha no Senado, você está exonerado, você tem um custo institucional que é a execração dos mais próximos daquele exercício.

E o terceiro custo, ou medo, é legal, propriamente. É jurídico.

Ora, na perspectiva materialista, o ato de corrupção não é determinado por uma ideia, pois ela não determina nada. Mas o ato de corrupção é determinado pela matéria corporal e afetiva, pela inclinação. Fica muito claro: você se corrompe quando a esperança supera o temor, a alegria supera a tristeza. E você não se corrompe quando a tristeza supera a alegria.

Em um lugar onde a corrupção é generalizada, você conclui, do ponto de vista afetivo, que existe pouca tristeza, pouco temor. Do ponto de vista social a pergunta é: quem é que fabrica o medo? O papel da civilização é esse, é plantar medo em todos os cantos para segurar a libido. E, quando a civilização é fraca, a alegria supera a tristeza. A situação em que nos encontramos é essa. Existe uma falta de medo generalizada em virtude de haver uma incompetência civilizatória de dar exemplaridade a certas reações que patrocinariam o medo de futuras condutas. De certa maneira, o comportamento corrupto pode se tornar um hábito na medida em que vira realmente uma prática recorrente. E o que é muito interessante no mundo político é que jamais poderá ser assumido como tal. Ninguém dirá que gosta da vida política porque lá é fácil de roubar. Esse é o problema. O trabalho político é um trabalho cínico. E sempre foi. Porque, quando o político se candidata, ele não diz que só o que ele quer é o poder. Ele dirá tudo, menos isso. Assim, existe no trabalho político um cinismo que é próprio deste campo. Não há como dizer o que ele realmente quer. Há um cinismo que é inerente ao trabalho. Isso é uma coisa. A corrupção é outra.

Espero ter conseguido esclarecer a questão do *habitus*. Resumindo: existe um milhão de coisas que você faz sem precisar pensar e, pelo fato de não precisar pensar, a ordem dentro do campo se torna mais eficaz do que se você precisasse pensar. O caos chama-nos muito mais a atenção, mas o que não nos chama a atenção? A conservação de uma relação de forças dentro de um determinado espaço. Isso chama muito menos a atenção porque parece como óbvio. Darei um exemplo: quando eu nasci, havia dois grandes jornais em São Paulo: *O Estado de São Paulo* e a *Folha*. E ainda hoje, eles continuam sendo grandes. Há algum tempo, só o PSDB e o PT tinham condições de eleger um presidente. Se você pensar quem será o próximo presidente da república, as opções não enchem os dedos de uma mão. Não é muito difícil saber. Então, não está tudo tão bagunçado assim. O dominante é dominante e, quando ele é bom, ele não sai dali de jeito nenhum. Acho que você percebeu que há muitas coisas que são dificílimas de subverter. As estratégias de conservação são supereficazes. Então, na hora de revolucionar, não é tão simples porque as estratégias de conservação são poderosas e, o que é pior, a sociedade vira corpo. O *habitus* é a sociedade feita corpo. E você se alegrará e se entristecerá em função de expectativas sociais que escapam a você completamente.

"O Estado é uma máquina de opressão"

A ideia do Estado como uma máquina de opressão da classe dominada é uma frase de Marx decantada aos quatro ventos. Mas é óbvio que você sabe que o Estado não se apresenta como tal. Logo que o menino entra na faculdade de Direito ele aprende que o Estado está lá para garantir a justiça. Ao estudar Direito, não é a ótica marxista que você aprende em primeiro lugar. E nem em segundo. E nem em terceiro. E nem nunca. É que, a partir do momento que você entender que o Estado é uma máquina de opressão da classe dominada, é óbvio que fica difícil ser um aplicador do Direito. Quando você pensa em Poder Executivo, Poder Legislativo e Poder Judiciário, e você vai estudar o Estado como ele se apresenta, você rapidamente aprende que o Poder Legislativo é o poder de normatizar as relações sociais dentro de um determinado território. É o poder de legislar e definir regras que regulamentarão as relações dos membros de um povo. O Poder Executivo dá exequibilidade a essa política de Estado. É o poder que garantirá a gestão do patrimônio do Estado. E o Poder judiciário é aquele que, quando provocado, garantirá a jurisdição. No caso de duas ou mais pessoas revoltadas entre si, com alguma pendência, um conflito de interesses, eles cutucam o Estado, e este se vê obrigado a dizer quem tem razão. Portanto, o Estado resolve problemas concretos. Quando legisla, resolve os problemas em abstrato. *A priori*, quando jurisdiciona resolve os problemas concretos na cizânia entre duas ou mais pessoas.

Neste meu discurso, tudo parece bem legal. É mais ou menos isso que você vai aprender quando estudar o Estado no discurso chapa branca, que é o que você encontra nos livros de Teoria Geral do Estado. Qual é a perspectiva de Marx? É que tem uma sacanagem atrás disso. Então, nesse caso, você é obrigado a entender os três poderes como instrumentos de dominação de classe.

– Professor, há algum jurista marxista? Sim. É um pouco esquisito isso, pois o cara é obrigado a ter um pé numa perspectiva crítica e o outro pé dentro da dogmática jurídica. Ou então, ele fica só de fora, jogando pedra. No Brasil, por exemplo, eu acho que o jurista marxista de maior prestígio hoje é o professor Alaôr Caffé Alves. Ele tem um olhar marxista do Direito. Ele tem consciência de que trabalha no Direito e que faz parte desta engenhoca que oprime a classe dominada. E é assim.

Quando você estuda o Poder Legislativo, a análise marxista clássica é que o deputado ou é o burguês ou é um laranja que está a serviço da burguesia para legislar em proveito da burguesia. Este é o caso mais cristalino. De fato, o deputado é mesmo um representante da classe dominante. O burguês mesmo não vai a Brasília. Ele elege alguém. E não tem como eleger sem dinheiro. Há uma lei que regulamenta, mas ninguém a respeita. Por isso que não dá para eleger sem esquema, porque, de fato, a lei restringe, mas não é respeitada. O problema é que o Poder Legislativo está a serviço da classe dominante.

Naturalmente, você perguntará: "Mas, professor, todos não são iguais perante a lei?". Isso não desmentiria a ideia. Não seria mais claro dizer que o burguês vale mais que o proletário? Porque, se isso estivesse na lei, ficaria mais evidente que ele é o resultado de uma dominação. Você que pensa. Se fosse "estou aqui a serviço da burguesia", é possível que o proletário percebesse essa sacanagem. Portanto, existe um processo de legitimação. O Estado é um elemento legitimador. O papel do Estado é oprimir, mas, ao mesmo tempo, legitima a dominação, isto é, dá uma aparência de justiça, de racionalidade, de lógica para aquilo que é uma exploração de classe. E o Estado faz isso, por exemplo, dizendo que todos são iguais perante a lei. Naturalmente, o próprio Estado dá umas recuadas, quando, por exemplo, o sujeito que tem curso superior completo fica em cela separada. E por quê? Por que irão abusar dele? Então, quem não tem curso superior completo pode sofrer abuso, é isso? Fica claro que, às vezes, nem o Estado consegue disfarçar.

Há princípios gerais do direito. E a ideia de princípio faz crer que não há nenhum interesse escondido. Você higieniza. Por isso é princípio. Começo. Não é o seu interesse próprio e depois o dos demais. Não. É antes do interesse próprio; transcende o interesse próprio. Então você percebe que o Estado, que é resultado de uma dominação de forças, apresenta-se como transcendente à própria relação e às forças. E para isso ele recorre ao que for preciso. O juiz veste roupa bonita, a balança é equilibrada dando a ideia de equidade e todos os símbolos farão acreditar que o que rege o Estado é uma racionalidade neutra. O caso brasileiro facilita para você entender que é uma farsa, porém se você pegar um país mais sério, você terá a nítida impressão de que é para valer.

Da mesma maneira, além do Legislativo, o próprio Judiciário se reveste de inúmeros procedimentos. O que tem de mais chato no curso de Direito (e é difícil saber o que tem de mais chato no curso de Direito) é o processo. Há o processo civil, processo penal etc. E o processo conta a regra do jogo. E tudo faz crer numa coerência interna indiscutível. Uma coisa se justifica pela outra. Então quer dizer que, quando você me pergunta a razão de ser do todo, aí é claro, não há resposta.

Um dos primeiros livros que um aluno de Direito lê é *Teoria pura do Direito*, de Hans Kelsen. E tem esse nome porque o Direito é higienizado, ele é lógico internamente. A essa lógica dá-se o nome de dogmática jurídica. E Hans Kelsen propõe uma lógica piramidal. Quer dizer, a Constituição legitima tudo, e tudo nela é coerente entre si. A coerência é interna. Uma coisa justifica a outra. Então, existe uma legitimação do A pelo B e do B pelo A. E o resto? O resto está higienizado de todo o tipo de contaminação social.

Quando a Constituição foi escrita (a minha tese de doutorado foi sobre isso. Chama-se *Processo de redação da Constituição*), o que se tinha era um texto que é o resultado de tudo o que existe de mais mesquinho na face da Terra. Então, foi feito disso um texto de uma coerência interna indiscutível, em forma de bíblia, e todos juram sobre a Constituição. E, graças a esse ritual, você sacraliza o texto constitucional, purificando-o de toda a excrescência que, na verdade, estava na sua gênese. E, a partir desse momento, o jurista vai interpretar o texto constitucional por ele mesmo. Como se nada tivesse acontecido antes. Agora, é o texto que vale pelo texto. E, para não ficar muito chato, quando o jurista quer falar em quem elaborou o texto, ele fala em "espírito do legislador". Não é legal? Não é a vontade do legislador, a sua volúpia, o seu tesão. Não. É o espírito. Pois este não corre nenhum risco de ter ambições mesquinhas. O que o espírito do legislador quis dizer? E quem é o legislador? Não é o deputado A, ou B, ou C. É um legislador genérico que teria escrito a Constituição em Júpiter e mandado por avião para nós.

Tudo no Estado vem revestido de aparência de neutralidade e racionalidade, porque tudo precisa mascarar a sua verdadeira natureza, que é de opressão e dominação de uns sobre outros. E, se o grupo dominante fosse outro, deixaria de haver Estado? "A burguesia é asquerosa, então vamos dar o poder aos outros!". E o que irá acontecer? Um mundo sem dominação? Isso é o que responderei a seguir.

Oitavo Devaneio – A aliança dos dominantes

A última retomada

Falávamos então, da superestrutura. Comentamos sobre a concepção marxista de ideologia. Observamos as estruturas institucionais e falamos da linguagem, do Direito, do Estado e do papel do Estado dentro da perspectiva marxista.

Observo que a leitura de *O Capital* nos leva a identificar uma dupla função para o Estado na sociedade capitalista: uma função técnico-administrativa e outra de dominação política. É muito interessante a maneira como essa análise é feita, porque, em um primeiro momento, você é levado a acreditar que, de um lado o Estado administra e, de outro, o Estado domina. Marx até se alonga na análise da função técnico-administrativa do Estado. Depois Marx fala muito mais do Estado como instância de dominação de classe e só no final de tudo ele diz que a função técnico-administrativa está direcionada pela função de dominação política.

Ora, isso nos permite concluir que não há como entender nada da gestão pública, não há como entender nenhum movimento sequer da burocracia do Estado, senão através do olhar crítico da dominação política. Então, nessa perspectiva, nós até poderíamos perguntar se são de fato duas as funções. Pois, no final das contas, se constata que a função técnico-administrativa nada mais é do que um pretexto para que o Estado leve a cabo a sua função de dominação política. Eu iria ainda mais longe e constataria que a função técnico-administrativa serve para camuflar, esconder, desviar a atenção da função propriamente política de dominação de classe, que é a pedra de toque do edifício marxista na análise das instituições.

É impressionante como, na hora de analisar a dogmática jurídica, na hora de analisar o que hoje se chama de processualística, a maneira com que o Direito se organiza enquanto ritos e procedimentos – é claro que tudo é feito para fazer você acreditar que aquilo é daquele jeito porque só poderia ser assim, e que aquilo é absolutamente lógico, que é um edifício estruturado em torno de uma lógica indiscutível –, você é levado a acreditar que o Estado tem uma técnica neutra, imparcial. Portanto, você acaba seduzido por aquela aparente lógica processualística, mas a perspectiva marxista diz que, quanto mais aquilo é aparentemente lógico, melhor está organizado o disfarce, o ocultamento da verdadeira função daquilo que é a dominação política. Seria, então, no poder judiciário que o Estado mostraria as suas garras mais sutis, mais bem elaboradas. Por outro lado, o Poder Legislativo tem se mostrado cada vez mais burlesco e grosseiro na hora de disfarçar a função de dominação que o Estado empreende.

Sobre a questão do Estado fico por aqui, e percebo que essa função de dominação política tem a ver propriamente com a exploração de uma classe pela outra.

O que fazer com o Estado?

Parece-me importante destacar o que se pensou em fazer com o Estado. E só para você ter ciência, o pensamento marxista discrepa, e muito, do pensamento anarquista. O movimento anarquista vai propor que o Estado tem que ser desarticulado sumariamente e que, de imediato, as forças populares têm que se autogerir, autoadministrar. A perspectiva marxista é outra.

O Estado passaria por uma fase intermediária denominada ditadura do proletariado. Somente depois o comunismo, desembocaria naturalmente numa diluição do Estado que perderia a sua função e a sua finalidade.

E quando é que o Estado desapareceria? Quando não houvesse mais classe social. Mas, enquanto houver classe social, a luta de classes continua e, continuando, o Estado tem que continuar a serviço da nova classe dominante, que agora é o proletariado. Pouco a pouco, na perspectiva comunista, essa luta de classe desaparece em virtude do próprio desaparecimento das classes, desaparecendo, assim, naturalmente, a necessidade do Estado. Mas isso se dá num intervalo de tempo não precisado por ninguém.

É a educação, estúpido!

Eu gostaria de analisar algumas superestruturas menos presentes na obra marxista, mas que hoje têm uma importância indiscutível na nossa vida e que são hoje fortemente responsáveis pela divulgação das ideologias dominantes do mundo contemporâneo.

Começamos pelo olhar marxista sobre a instituição escolar. A importância dada à educação é muito significativa. Eu não diria tanto na obra de Marx propriamente, mas sobretudo na obra de Lenin, que foi quem, no século XX, melhor sistematizou o pensamento marxista para o mundo ocidental. E aqui eu me refiro a uma obra cuja leitura eu recomendo, chamada *O que fazer*. Um livro muito pequeno, fácil de ler, e muito esclarecedor de uma série de coisas que às vezes a própria obra de Marx se esmerou em confundir. E qual é o olhar marxista para a questão da educação? Ora, não há a menor dúvida de que a educação é um movimento superestrutural. Então, nesse sentido, o marxismo observa que existe uma espécie de dificuldade de análise, porque é óbvio que as infraestruturas – em especial o próprio processo de trabalho, os meios de produção – são dependentes de uma determinada educação. Então, o trabalhador é competente para exercer um trabalho em função de um processo educativo a que ele foi submetido. Assim, quando se diz que a educação é simplesmente superestrutural, essa é uma primeira dificuldade. Mas como poderia haver processo de trabalho sem educação prévia e contínua? Então, muitos irão discutir a presença da educação na superestrutura, como seria o seu lugar mais óbvio. Esta é a primeira observação.

Não é todo mundo que concorda com isso. Um dos que não concordam é Lukács, em *História e consciência de classe*. E por que Lukács não concorda com isso, o seu mais importante discípulo brasileiro, que é o mais importante intelectual brasileiro de todos os tempos, o professor Paulo Freire, também não concorda. Eis aqui uma primeira ideia. Na perspectiva de Lukács e de Paulo Freire, a educação é, ao mesmo tempo, infraestrutura e superestrutura. Se você considera a educação uma mera superestrutura, é muito difícil imaginar um processo revolucionário a partir dela. Pois, sendo superestrutura, ela não mexeria com as bases da sociedade e não permitiria o surgimento de novas condições materiais de exequibilidade de um processo revolucionário. Agora, se você coloca a educação também na infraestrutura, a educação poderá ser entendida. E essa é a grande bandeira de Paulo Freire como a semente de uma revolução pela educação.

Eu poderia estender essa análise para o movimento de Mao Tsé-Tung: ele,-que é herói de muitos, ídolo da juventude de esquerda de muita gente maoista, foi um movimento internacional e espetacular, e muito atrativo para os jovens. Acho que quem tem a minha idade ou um pouco mais e militou em movimento estudantil sabe o quanto o maoísmo foi importante. Por exemplo, na França, é impressionante a força que o maoísmo representou nas décadas de 1960 e 70. Mao Tsé-Tung obviamente fala de uma revolução cultural e, evidentemente, quando fala da educação, tem uma perspectiva que eu alinharia com Lukács e com Paulo Freire. Em outras palavras, é possível fazer a revolução por vias educacionais. Se você me perguntar o que eu acho, eu sou professor há quase 30 anos e eu nunca encontrei, em nenhum momento da minha trajetória, nenhuma condição ou possibilidade de uma revolução pela educação. Muito pelo contrário. Eu sempre entendi como um dos espaços mais na contramão que eu já tenha visto. Posso lhe garantir que é desesperador.

Posso lhe dar um exemplo: fiz uma pesquisa, em uma oportunidade, sobre a publicidade do tiozinho da Sukita. Fui chacoteado, na época, por meus colegas professores do mundo da pós-graduação brasileira, dizendo que eu tinha me sentido particularmente agredido com aquela publicidade, pois elas atacavam as minhas estratégias de sedução na medula, que tinha denunciado o meu anacronismo, e o que eu me apresso a dizer é que eles têm toda a razão. É claro que aquela publicidade me enfureceu, porque percebi que a publicidade deslegitima uma abordagem de natureza afetiva. O publicitário acha-se no direito de lançar mão dos recursos mais insignificantes da estereotipia para definir a abordagem afetiva socialmente autorizada. Então, aquele cidadão, que cordialmente segura a porta do elevador para a moça e faz duas perguntas absolutamente anódinas, é ridicularizado pelos meios de comunicação. Porque os meios de comunicação definiram um bom dominante e se quiser xavecar tem que fazê-lo com alguém de capital estético equivalente. É disso que se trata, e não que se trata. E não é uma questão de idade. O que tem é discrepância estética. É isso que se vê num primeiro momento. Você não está autorizado a xavecar essa moça. Ela não é para o seu bico. Hitler não faria melhor. Pois o que fiz eu? Escrevi um artigo no jornal me manifestando contra as ideologias asquerosas do mundo da burguesia? Não. Eu fiz uma pesquisa. Eu sou pesquisador, não sou palpiteiro. Então, fiz uma pesquisa de recepção e, acredite, fiz isso nas escolas porque eu queria investigar a influência do fator socioeconômico na manifestação dos receptores, e a escola facilita pra isso. Pois eu fui em escolas de muitos tipos, de diferentes classes sociais. Colocava a publicidade e pedia para os jovens do segundo ano se manifestarem sobre ela.

– Professor Clóvis, eu não vejo a ideologia dessa publicidade.

Como não vê? Se a ideologia é uma proposta discursiva, comunicativa de como o mundo deve ser, quando você ridiculariza um xaveco você está, obviamente, implicitamente, comunicando que o xaveco autorizado não é aquele.

Pois, muito bem, constatei que a publicidade foi comprada na sua dimensão ideológica em gênero, número e grau. Aqueles jovens diziam "Que velho asqueroso"; "Quanto mais velho, mais idiota", e para mim, como pesquisador, aquilo foi uma crucificação.

Mas o que mais me chamou atenção foi uma senhora da minha idade, orientadora pedagógica do colégio católico dito progressista. Ela vira no meio da classe – eu não sei bem por que ela chegou a essa conclusão – e diz, olhando para mim: "Ah, se fosse você que estivesse no elevador, era eu que te agarraria". Eu fiquei sem recurso para esse tipo de situação. Sem ação. A garotada gritava "Xaveco! Xaveco! Xavequeira!". Os meus alunos, que estavam gravando as manifestações, ficaram me olhando como que perguntando "O que é que a gente faz agora?". Foi quando a orientadora pedagógica tomou a palavra e me soltou a seguinte pérola (sendo que eu havia explicado para ela o objetivo da pesquisa): "Ué, qual é o problema? Ele tem 34 e eu tenho 32!".

Veja só. Que esperança pode ter um pesquisador, se a professora - depois de um trabalho fino de coleta de material para discutir os estereótipos e as ideologias hegemônicas consagradas - é a mais alienada de todos? Que revolução você consegue fazer assim?

Então, nessa discussão que se travou lá pela metade do século XX sobre a escola ser ou não caminho para a revolução, não daria certo nas que eu conheço. Porque são espaços de consagração do senso comum mais tosco e absolutamente permeado por uma ideologia dominante, que nada mais é – agora você já sabe bem - do que a ideologia da classe dominante. Para mim, a escola é tão superestrutura quanto é o padre Marcelo, os jornais televisivos e outros. Não há diferença nenhuma, porque a escola é um espaço de reprodução. Ou você acha, por acaso, que alguém na escola vai discutir o conteúdo da Fuvest como instância de consagração de certos saberes legítimos definidos pela classe dominante? Imagine se, na redação do vestibular da Fuvest, o menino escreve um parágrafo dizendo que, de qualquer forma, tudo o que cai no vestibular poderia ser outra coisa e nada mais é do que o resultado de uma opressão de classe e da definição de um saber burguês. E mesmo se você fizer cota, o massacre da burguesia é muito mais sutil. Resumindo, a escola é espaço para aprender a reproduzir o mundo como ele é. E eu nem preciso falar que na faculdade é pior. Tirando os cursos de ciências humanas, que têm o prestígio político que têm, o resto é nota zero. E o que essas escolas são? Espaços de reprodução de um saber dominante de formação técnico-profissional. A sociedade segue o seu fluxo rigorosamente, e, por isso, eu não vejo em lugar nenhum da educação um espaço de fomento de uma revolução.

A internet é superestrutura?

Um segundo aspecto superestrutural que eu gostaria de destacar, que está muito na moda, que são as novas tecnologias, como o uso da internet, e de que maneira isso poderia ter a ver com uma reflexão marxista.

– Professor, isso não tem nada a ver com uma revolução marxista, pois a internet é o símbolo da pós-modernidade. E na pós-modernidade cada um faz o que quer, é regido pelo baixo ventre, ela é libertadora, é o fim das ideologias e, portanto, é uma espécie de reconciliação nietzschiana com o real, todos estão felizes com o mundo, as pessoas compram, se deleitam, satisfazem os seus desejos! Viva as redes sociais!

Não sei, não. Acho que quem continua sendo o mais lúcido é Edgar Morin.

Um dos únicos que não se deixou entrar numa onda deste naipe. E eu penso que o que é mais interessante na questão da internet é o que se diz a respeito dela. Invariavelmente, quando se fala da internet, o primeiro grande argumento é que ela é um meio que deselitiza as relações sociais, o acesso ao conhecimento, à informação, porque a internet está ao acesso de todos.

O segundo argumento é que a internet não só permite um acesso à informação, como permite que você se manifeste através dela, e, portanto, ela é o espaço tecnológico ideal para a constituição de um verdadeiro espaço público e, portanto, as melhores soluções para organização social correm o risco de serem reveladas, descobertas e até adotadas. Fala-se também que, diferentemente dos meios de comunicação tradicionais, na internet uma figura insignificante pode reverter e subverter o mundo etc.

Naturalmente, o primeiro argumento é o de que a internet permite um acesso mais democrático ao conhecimento. Esse argumento levou vários governos a desenvolverem políticas de inclusão, aparelhando as escolas com computadores.

Começo dizendo que o acesso a uma informação de forma nenhuma pode garantir homogeneização do conhecimento, ou socialização do conhecimento, ou democratização do conhecimento. Porque nós sabemos que, quando você está diante de um conteúdo cognitivo qualquer, o sentido que você atribuirá a ele depende muito mais do seu repertório do que aquilo que está diante dos seus olhos. Quando você lê um livro, linha a linha, as interpretações que você faz daquilo que você lê, elas são ilações que dependem do seu arsenal cognitivo, do seu repertório. Razão pela qual colocar as coisas diante das pessoas não garante nenhum tipo de eficácia pedagógica. Essa é a primeira ideia.

A segunda ideia é a que vem carregada no discurso apologético da internet, uma perspectiva de desideologização das relações, já que estariam todos, igualmente, possibilitados a navegar e, portanto, estariam todos igualmente prontos para o acesso a um circuito de conhecimento que a internet veicula. E, assim, a internet contribuiria fortemente para que conhecêssemos o mundo como ele é e nos desprendêssemos, definitivamente, de tolas e vãs ideologias a respeito de como o mundo deve ser. Ora, esse argumento, que você encontra em editoriais de jornal muito amiúde, até mesmo escrito por secretários de educação, é de uma tolice constrangedora. Porque, quando qualquer um tem acesso à internet ou a qualquer outra unidade de informação, o que ele vai disponibilizar para atribuir sentido àquilo são os recursos que tem, todos eles fortemente ideologizados e marcados por certa socialização ideológica. E é por isso que o fato de eu ter na minha frente o mesmo monitor que você em nada garante que tenhamos diante de nós as mesmas possibilidades, os mesmos acessos e os mesmos resultados cognitivos. De forma nenhuma: o que continuará vingando é a maneira de ver. E vou mais longe. A perspectiva de deixar todo mundo escrever na internet, no lugar de garantir pluralidade, pode ser mesmo garantidora de mais e mais do mesmo: do mesmo senso comum, da mesma ideologia dominante, da mesma maneira de ver o mundo. A consagração de certa hegemonia travestida de diversidade, travestida de pluralidade. Hegemonia travestida até de oposição. O que eu quero dizer com isso é que, por trás da possibilidade da manifestação genuína das ideias das pessoas, sempre haverá a possibilidade de que as pessoas manifestem só o que elas têm na cabeça. E o que elas têm na cabeça é muito mais complexo do que a internet pode patrocinar, isto é, a sua vida na sociedade, o compartilhamento de valores que, para além da internet, ela aprendeu no mundo da vida, e, portanto, você pode deixar as pessoas se manifestarem livremente o quanto elas quiserem, e elas nos oferecerão sempre mais do mesmo.

Eu costumo observar que, para que a internet seja de fato rica e enriquecedora, é preciso que as pessoas possam entender o que está escrito lá. É preciso que elas tenham inteligência e senso crítico para separar as infinitas coisas que ela possui. E é preciso que as pessoas, sobretudo (e isso é o mais difícil), tenham inteligência para se manifestar pela internet. É preciso que elas tenham algo a dizer para que um instrumento como a internet possa ser enriquecedor. E nós sabemos que não é bem o caso.

Mas é claro que você poderá pensar: "Mas, professor, o senhor nega que o mundo está mudando". Eu não! Eu sou o primeiro a dizer que o mundo está mudando. O mundo sempre mudou. Seria esquisito se ele não mudasse. O mundo muda desde que o mundo existe. O que a gente tende, muitas vezes, é estabelecer eras que nos convêm. E agora chamamos isso de pós-modernidade e parece que é conveniente, porque faz acreditar que as análises consagradas no século XX, como a marxista, percam validade para um mundo que agora é completamente diferente. Não estou nada convencido disso. Continuo vendo as ideologias, a consagração de certas ideologias, a dominação rigorosa de certas ideologias, e cada vez o que eu menos vejo são ofertas ideológicas de contraposição ou de enfrentamento.

A internet traveste a dominação de pluralidade, de diversidade, e até mesmo com enfrentamentos. A internet mascara o fato de todos nós entendermos o mundo de forma muito parecida. Ela, portanto, faz fabricar conflitos, que na verdade são de circunstância, que muito mais escondem concordâncias do que propriamente decidem rumos para o mundo e suas diversas sociedades.

A internet, nessa ótica de análise, é um poderosíssimo instrumento de reprodução e dominação ideológica. Ninguém diz que não abre a boca porque não pode; todos podem falar. É que as pessoas não têm mesmo nada a dizer para além da submissão ideológica em que já se encontram.

– Mas a internet é um espaço que pode ser anônimo.

Então, você entra na internet, escreve sua ideia lá e não precisa dizer quem é. O fato de você desvincular a sua manifestação da sua identidade em nada muda os vínculos ideológicos que a sua manifestação abriga. Pelo contrário, radicaliza as suas posições e permite com que você exteriorize mais violentamente a dominação. O anonimato, longe de ser um elemento revolucionário da transparência, é o instrumento que permite, na internet, a brutalização dos argumentos ideológicos de dominação.

Argumento que tudo o que é aparentemente instrumental tem as melhores condições para esconder os interesses e conteúdos ideológicos que servem para fazer circular. É claro que isso não é muito simples de exemplificar, já que é de mascaramento que se está falando. Mas eu disse que a dominação simbólica é tanto mais eficaz quanto menos é percebida como dominação, e o fato de você não entender a internet como uma instância de opressão é justamente revelador e indicativo do quanto ela é boa para isso.

– Mas existe uma construção comunicacional via internet que é própria para ela e que se deve a uma adequação técnica às suas necessidades materiais.

Penso que isso tem a ver com o tipo de linguagem que está se constituindo para manifestação na internet, e que, de alguma maneira, essa linguagem agilizaria as manifestações individuais, permitiria interações mais rápidas e facilitaria a decantação de um tecido social mais agilmente constituído. Eu insisto em observar que, por mais que a forma de manifestação via internet seja singular e única na história das nossas manifestações, ainda assim ela abriga e patrocina novos mecanismos de distinção e de consagração de certos porta-vozes em detrimento de outros que assim seriam deslegitimados. Em outras palavras, por mais democrática que seja a internet, existem sites mais legítimos do que outros, blogs mais legítimos do que outros e assim por diante. Portanto, segmento a segmento, campo a campo, a internet soube recriar e redefinir os mesmos mecanismos de consagração e de legitimação que nós encontramos fora dela.

Aqui muito poderia ser desenvolvido do ponto de vista crítico da internet. E estou me estendendo nisso porque pouca gente o faz. Curiosamente, quem fala sobre internet não costuma ter sobre ela um olhar crítico. De cada dez artigos sobre a internet, nove ponto nove partem de um certo paradigma apologético das novas tecnologias – e isso mesmo na universidade. Por isso eu fiz questão de dizer que é possível ter outro olhar. Parece esquisito ter um olhar crítico em relação à internet porque ela se tornou símbolo de uma época em que outros olhares não estão autorizados, ainda que ela possa abrigá-los.

As regiões ideológicas

Eu gostaria de destacar os conceitos de regiões ideológicas e homologia. São muito úteis para entender algumas perspectivas. Na perspectiva marxista, a ideologia não é algo homogêneo, que circula pela sociedade como uma espécie de ameba fagocitante. Os processos de produção ideológica são segmentados naquilo que Marx chamava de regiões ideológicas. Então, poderíamos destacar o direito, por exemplo, como uma região ideológica, isto é, uma espécie de espaço relativamente autônomo de produção de ideologia. A publicidade, a moda como uma região ideológica.

– O que a moda tem a ver com a ideologia?

Nossa! É óbvio que a maneira de se vestir está completamente interligada com todo o resto das manifestações ideológicas. Vá de vermelho votar, por exemplo. Ou vá de amarelo.

Ora, essa perspectiva de regiões ideológicas relativamente autônomas poderia suscitar uma dúvida: se as ideologias são superestrutura, em grande parte explicadas por uma infraestrutura econômica comum, em que medida poderíamos encontrar uma autonomia relativa superestrutural, haja vista que todas possuem um fundamento comum infraestrutural? Temos de um lado uma mesma infraestrutura, onde há trabalho, produção, classes, luta de classes e dominação de classes. E do outro lado, o resto. Então, como exemplos: o direito é uma região, a religião é uma região. O que fica evidente é que cada lugar é um espaço de produção de ideologia. Existem muito mais especificidades do que comunicações. Portanto, na hora em que eu for estudar o direito, dentro de uma perspectiva marxista, tenho que observar, primeiramente, que não posso estudá-lo se não como instância de dominação de classe. Em segundo, que eu tenho que entendê-lo como uma forma ideológica, entre outras, de garantir essa dominação. Portanto, o estudo de uma superestrutura pressupõe a relação com a sua infraestrutura e a autonomia relativa em relação a outras regiões ideológicas. É mais ou menos isso que faz um cientista do materialismo histórico: estuda a relação com a infra e a relação com as outras superestruturas.

A partir do momento em que você identifica uma autonomia de produção ideológica – porque o direito, por exemplo, produz ideologia através de leis; enquanto que a religião através de discursos sacerdotais; e a mídia através de notícias – pois ela tem diversas formas de manifestação, todas elas em grande medida explicáveis pela mesma infraestrutura –, é claro que você percebe que, na ótica marxista – e só na ótica marxista – você pode fazer uma sociologia da produção ideológica através dessas regiões ideológicas. Isso é o que Bourdieu chama de campo. Lembrando, campo é um espaço de agentes sociais que disputam troféus, respeitam regras e é constituído de agentes.

Tudo isso é para eu lhe contar que Marx proporá uma reflexão – também desenvolvida por Bourdieu: a ideia de que existem alianças em paralelo entre as regiões de produção ideológica. E tais alianças são de natureza homológica porque há uma tendência do dominante de se associar ao dominante de outras regiões de produção ideológica. E há uma tendência de os dominados se associarem a outros dominados de outras regiões de produção ideológica. De tal maneira que você assiste ao surgimento de uma terceira lógica explicativa.

Agora sim, o padre Marcelo

Vamos estudar o padre Marcelo. Primeiro: instrumento de dominação de classe. Ele é o resultado de um processo de produção de bens em que a burguesia domina o proletariado pela divulgação de uma ideologia para cuja divulgação ele contribui.

Segundo: padre Marcelo se explica dentro do campo religioso: está na igreja católica e é adepto da aeróbica da fé. Mas nem todos gostam de aeróbica na hora de cultuar a Deus. Portanto, há os que não gostam disso. Então, ele luta pela definição do culto legítimo. Uma luta interminável pela definição de como se deve cultuar Deus, e certamente haverá uma luta por conteúdos também, mas, como eu não sou teólogo, eu não os conheço. Mas o padre Marcelo, com certeza, enfrenta dentro da igreja católica poderosas resistências de quem não suporta muito suas estratégias mercadológicas, sua popularidade etc.

Mas, em terceiro lugar, é preciso estudar padre Marcelo na sua aliança homológica com as redes de televisão. Eu não sei se você percebeu, mas, se temos aqui classes sociais, classe dominante e dominada, na hora em que eu estudo as superestruturas e as alianças de homologia entre dominantes e dominados. Vou dar um exemplo que me chocou: fui a uma reunião de pauta do *Jornal Nacional*, e o William Bonner liga para o Gilmar Mendes, no celular, e pergunta: "Vai decidir alguma coisa de importante hoje? Mando ou não mando o repórter?". "Depende, se você mandar o repórter, eu decido alguma coisa importante." Acha que eu enlouqueci? E o que eu estava fazendo lá? É que os professores da USP foram convidados para fazer uma reunião de pauta. Um erro estratégico espetacular. E nós ali, ouvindo. Deixa ver se eu entendi bem: o cara vai soltar o discurso somente se tiver alguém ao vivo para filmá-lo. E então você percebe que a mídia não é uma constatação do real, mas fabrica o real em função dos seus critérios. Então, você tem uma aliança homológica que se converte em capital relacional, amizade de celular. Ou seja, o dominante do campo jurídico se alia ao dominante do campo jornalístico.

Quer mais um exemplo? No lugar do direito, pegaremos o campo político. O deputado fará um projeto, e o seu conselheiro lhe diz: "Olha, é o último ano, haverá eleições, e esse assunto que o senhor quer regulamentar não se insere nos critérios de noticiabilidade dos veículos onde o senhor precisa estar. Vamos fazer um projeto legal que dê mídia". Vou lhe dar alguns exemplos de coisas que dão mídia: fazer algo relacionado com o projeto olímpico, praças esportivas. Ou algo controverso, como, por exemplo, não poder fumar em local fechado, exceto maconha. Maconha pode. Então, para que ele se torne um político dominante, ele precisa de alianças homológicas importantes, e para isso ele precisa jogar um jogo cuja explicação se dá através das relações privilegiadas entre as diversas regiões de produção de ideologia. Resumindo, são três vieses: infraestrutural, regional e homológico. Isso é o que você encontra no final de *O Capital.*

Considerações finais

Bem, eu tenho certeza de que, ao longo deste livro você baixou um pouco a guarda em relação ao início. Tenho certeza de que, por mais incluído que você esteja, você deve ter percebido, em algum momento, que o olhar crítico em relação à sociedade é cada vez mais raro, e, às vezes, ele é salutar. Muitas vezes, esse olhar crítico permite até uma autoanálise muito fértil em termos de como vamos definindo as nossas práticas, nossos hábitos e, muitas vezes, nos damos conta de que vamos agindo em sociedade muito mais em função do que uma sociedade concreta e estruturada nos impõe do que em função das nossas verdadeiras, genuínas e reais convicções, se é que elas ainda existem.

Eu também gostaria de destacar que talvez eu tenha deixado a impressão de que você, ou vive a vida na vida, e aí você é um idiota; ou então você é um crítico, mas aí fica olhando tudo de fora e atirando pedra o tempo inteiro em todo mundo e não participa de nada. Se eu dei essa impressão, eu não acredito nela, não. Pelo contrário. Eu estou absolutamente convencido de que é possível fazer microrrevoluções. Bombinhas. E, para que isso seja possível, é preciso estar no mundo. Fora da universidade, eu tenho dado uma palestra por dia no mundo das empresas. E, quando eu vou às empresas, eu tenho a oportunidade de criticar ícone por ícone do mundo corporativo. Eu entro em uma empresa e eu falo mal da transparência, da sustentabilidade, da qualidade de vida e de vários outros itens. Um por um. E as pessoas continuam abrindo espaço. Penso, de fato, que algumas realmente não me entendem. Mas também penso que outras ficam perturbadas. E isso, para mim, já basta. Eu estou absolutamente convencido de que existe inteligência em todo o lugar. Acho mesmo que, às vezes, volto a um lugar e não tem mais qualidade de vida. Tem vida de qualidade. Em um *banner*: "Professor, mudamos!". E então você percebe que foi feita uma pequena revolução. A empresa deixou de definir o que é a vida boa. Ela não se preocupa mais com isso. Pelo contrário. Ela passa o tempo inteiro dizendo que a vida boa é a que o funcionário achar boa e, portanto, ele que vá viver bem, naturalmente, fora dali (da maneira dele). E já é um progresso enorme.

A USP tem uma enorme representação, um prestígio imenso, mas aqui quem fala em nome dela sou eu. Há várias outras pessoas, mas, aqui, neste momento, quem ajuda você a entender melhor o que é a USP sou eu. Se eu consigo fazer com que uma pessoa entenda que se, eu sou cliente dela, não é pelo que a empresa é em si, mas sim pelo que eu acho que ela é, pela ideia que eu tenho dela, e se ela passa a se comportar de acordo com os valores que são os mais importantes para ela, eu estou fazendo uma revolução. Porque a pessoa considera o que eu estou falando no momento em que eu digo que não há churrasco de final de ano que compense um ano inteiro cheio de tristezas e que o mundo corporativo é erotizado porque vive na falta e na busca de um mundo que não é, porque, quando o mundo é, sobem as metas, e a alegria é só na embriaguez e no sorteio dos eletrodomésticos no final do ano, e que é preciso alegrar no procedimento e, assim, até mesmo os resultados serão mais auspiciosos. Se a pessoa considera o que eu falei, quando eu digo que *happy hour*, sexta-feira às dezoito horas, é uma tristeza imensa para o mundo do trabalho, porque reforça a ideia de que o trabalho é um pedágio existencial, uma espécie de ônus a suportar na existência e, portanto, apequena a vida da imensa maioria das pessoas que vão para o "serviço", pois são apenas serviçais do mísero capital que representam, na hora em que o sujeito considera isso um instante sequer, eu estou fazendo uma revolução nas fissuras, nas dobras. Ali, onde nem tudo está completamente pavimentado, existem rachaduras, e nelas você pode colocar uma bombinha.

– Ah, mas é pouco.

É pouco. Mas é o que é. Porque não há sistema que seja monolítico, porque nada é absoluto. E por mais que a ideologia capitalista globalizante e liberal seja hegemônica, sempre haverá uma fissura - que é o lugar onde você coloca uma bombinha.

– Professor, não há nada no mundo que lhe agrade?

Muitas coisas. Mas elas acabam muitas vezes ofuscadas pelas outras. É no afã de destacá-las que talvez fosse bacana considerar a possibilidade de tentar ser feliz mais tempo do que a *happy hour* e do que o churrasco de final de ano. E aí eu cumpro o meu papel.

O tesão em dizer as coisas em que você acredita: isso o valor da palestra não cobre nem de longe. Porque este definitivamente não tem preço. É quando a aula vale por ela mesma. E ela vale não só pelo tesão de dizer as coisas em que você acredita. Mas pela certeza de que, nas fissuras do bloco ideológico que permeia cada pessoa, haverá espaço para uma discussão crítica. "Será que aquele cara não tem pelo menos uma pontinha de razão?" E só isso já será o suficiente para que você olhe o mundo diferente e, portanto, para que esta leitura já tenha valido a pena.